鬼谷子纵横之术

秋战国时期道家代表人物、纵横家创始人

李慧敏·编著

民主与建设出版社

·北京·

图书在版编目（CIP）数据

鬼谷子纵横之术 / 李慧敏编著 .--北京 : 民主与
建设出版社 , 2018.5
ISBN 978-7-5139-2138-1

Ⅰ.①鬼… Ⅱ.①李… Ⅲ.①纵横家②《鬼谷子》—
通俗读物 Ⅳ.① B228-49

中国版本图书馆 CIP 数据核字（2018）第 088912 号

鬼谷子纵横之术
GUIGUZI ZONGHENGZHISHU

出 版 人	李声笑	
编　　著	李慧敏	
责任编辑	刘 艳	
封面设计	荣景苑	
出版发行	民主与建设出版社有限责任公司	
电　　话	（010）59417747　59419778	
社　　址	北京市海淀区西三环中路 10 号望海楼 E 座 7 层	
邮　　编	100142	
印　　刷	永清县晔盛亚胶印有限公司	
版　　次	2019 年 8 月第 1 版	
印　　次	2024 年 5 月第 2 次印刷	
开　　本	710 毫米 ×1000 毫米　1/16	
印　　张	12	
字　　数	102 千字	
书　　号	ISBN 978-7-5139-2138-1	
定　　价	48.00 元	

注：如有印、装质量问题，请与出版社联系。

目　录

2

第一章

捭阖篇

——开合自如，天地阴阳皆为我用

　　"捭阖"是《鬼谷子》的第一篇。捭阖本是就门户而言：捭指开启，阖指闭藏，两者是对门户施加的一组相互对立的动作。在鬼谷子的思想体系中，"捭阖"是一对极为重要的哲学概念，既是万事万物发展变化的规律，也是纵横家进行游说活动的根本方法。鬼谷子总结出的捭阖之道旨在告诉人们：何时应敞开心扉，直言陈辞；何时应冷静观察，沉默不语。通过捭与阖的密切配合，不难洞悉对方的虚实真相，从而达到知人、御人的目的。

第一节　认清形势是关键

【原典】

粤若稽古，圣人之在天地间也，为众生之先。观阴阳之开阖以名命物，知存亡之门户，筹策万类之终始，达人心之理，见变化之朕焉，而守司其门户。

【评述】

纵观古代历史，可知圣人生活在天地之间，乃是大众中的先知。圣人通过观察事物矛盾的变化，认识事物，了解决定事物存亡的关键因素；测算万物发展的进程，通晓人类思维的规律，预见变化的朕兆，从而把握住事物存亡的关键。

我国古代的大著作家，除了宣扬"绝圣弃智"的老庄外，大多还是以"述圣"为己任的，"智圣"鬼谷子亦

莫能外。在全书的开篇，鬼谷子便将满腹谋略的自己深藏于堂奥之室，而将"为众生之先"的圣人挡于身前。无意之间，已将其捭阖之道牛刀小试了一把。

一见到"圣人"这个字眼，最先浮现在我们脑海里的，无非是远古的炎、黄二帝，尧、舜、禹三圣，替天行道的商汤、周文王、周武王，以及周公、孔子、孟子、老子、庄子等人物。大致说来，古之圣人有两类：一类是圣君贤臣，如二帝、三圣、商汤、文武、周公等，他们顺应历史潮流，安定天下，治理万民；另一类是大思想家，如孔、孟、老、庄等，他们深入思考自然万象和社会百态，并以语言文字为武器，为人类探索迷途、解疑释惑。在这些圣人们的身上，映射着整个中华民族智慧的光辉。圣人们的业绩和德行，也将为世世代代的子孙所传颂。

在鬼谷子看来，圣人之所以为圣人，最根本的就是要"守司其门户"。用现代话来说，就是顺应时代发展的潮流，遵循天下兴亡之道。按照中国人的传统思维，一说起"兴亡之道"，往往要从夏、商、周这"老三代"中去寻找。这是什么缘故呢？一个合理的解释是，在商代夏、周代商的过程中，后世所倚重的谋略尚未取得足以决定胜负的地位。不仅如此，儒、道、法、阴阳等诸子百家的思想也通通不存在，人们的社会政治思想还是混沌一片。在这样一个时代里，"兴亡之道"就显得很纯粹，纯粹到可用简单的"天命"来概括。无论是君还是民，都十分相信"天命"的说法，认为它决定着天下兴亡。即便是夏桀和商纣这样的暴君，也都自诩天命所归。

商汤征伐夏桀之前，曾做了一篇《汤誓》，以鼓舞军队的士气。这篇短文后来收录在《尚书》一书中。在文中，商汤说："来吧，你们各位！都来听我说。不是我敢于贸然进攻夏朝！实在是因为夏王犯下大罪，上天命令我去讨伐他。现在你们大家会说：'我们的国君不体贴我们，不让我们种庄稼，却去攻打夏王？'

这样的话我早就听过，实在是因为夏王犯下大罪，上天命令我去讨伐他。夏王剥削他的人民，大家都说：'这个太阳什么时候才能落下？我们宁可和你一起灭亡。'夏桀的德行败坏到这种程度，现在我一定要去讨伐他。"

果然，商汤打败了人民恨不得与其同归于尽的夏桀，建立了商朝。商朝末年，王位落到了纣王的手中，政治黑暗，民不聊生，而西边的周族逐渐兴起，在周文王的领导下，实力已足以与商相抗衡。然而，深通易理的文王没有贸然兴兵东进，而是对内施以仁政，对外翦除商纣的帮凶，同时扩大自己的势力范围。武王即位后，认为伐商的准备工作尚未完成，仍然韬光养晦，耐心地等待时机。据司马迁在《史记·周本纪》中所说，武王曾率兵东进至孟津，天下诸侯纷纷响应，但武王认为商朝气数未尽，于是果断退兵。在吕尚等一班贤臣良将的辅佐之下，周族的实力得以迅速增长。与此同时，商朝统治集团内部的矛盾却呈现白热化，商纣王饰过拒谏，肆意胡为，残杀王族重臣比干，囚禁箕子，逼走微子。武王、吕尚等人遂把握这一有利战机，决定大举伐纣，经过牧野之战，一役而胜，结束了商朝的统治。

3

商汤伐桀开武力改朝换代之先河，武王伐纣则充分展现了韬光养晦的制敌之道，在中国古代政治、军事史上，两者都具有开创性的意义。当后世的英雄豪杰或野心家们企图推翻一个政权的时候，也都标榜自己是在行"汤武之事"。然而由于不同的动机和方式，往往产生不同的结果。

在四分五裂的五代末期，宋太祖赵匡胤稳定内部之后，立即出兵统一全国。打到最后，只剩下南唐和吴越两个国家。南唐后主李煜平时纵情诗酒，沉溺声色，疏于政务，对战争及国家大事一窍不通，轻易中了赵匡胤的反间计，杀害了自己能征善战的大将林仁肇和忠臣潘佑，以致在宋军压境之时，束手无策，最后只好光着身子自缚请降。

由此可见，"兴亡之道"古今皆同。在鬼谷子的整个思想体系中，是以"兴亡之道"作为出发点和终结点的。然而，身为"谋略之祖"，他在其中加入了大量"制胜之术"的内容。在后文中，我们就将详细了解鬼谷子的这些制胜之术。

4

第二节　目标明确而手段多变

【原典】

故圣人之在天下也，自古及今，其道一也。变化无穷，各有所归。或阴或阳，或柔或刚，或开或闭，或弛或张。是故圣人一守司其门户，审察其所先后，度权量能，校其伎巧短长。

【评述】

从古到今，凡生于世间的圣人，均奉守大自然的变化规律，借以避亡求存。其手段变化无穷，各有自己的特色：或阴或阳；或柔或刚；或开或闭；或弛或张。所以，圣人始终把握万物存亡的关键，审慎地考察事物的变化顺序，认清事情的轻重、缓急，度量自己的能力大小，再比较处事方法的优劣，做出正确的策划。

上一节概括地阐述了"兴亡之道"后，鬼谷子开始提及"变化无穷，各有所归"的手段，我们也由此触及鬼谷子思想的精髓。鬼谷子教导我们说，在掌握兴亡之道的基础上，应树立正确的目标，充分认

清自己的能力，采取灵活多变的处世之道。

我们从小就听过"八仙过海"的故事：八仙为赶赴王母娘娘的蟠桃会，途中遇到了浩瀚的大海。这时，八仙的目标只有一个，就是要到达大海的彼岸。为此，每位仙人都施展自己的绝技，借助不同的器物渡过大海，让人眼花缭乱。

"八仙过海，各显神通"说明了做事方法的多样性，但俗话说得好："万变不离其宗。"归根结底，方法和手段都是为目标服务的。只有目标正确，方法和手段才有价值，否则它们就是无源之水、无本之木了。

战国时代，各诸侯国互相攻杀，争当霸主。后期，一度称雄天下的魏国国力渐衰，可是国君魏安釐王仍企图出兵攻伐赵国。魏国大臣季梁本已奉命出使邻邦，得知这个消息，立刻半途折回，他还来不及整理一下衣帽，就赶紧去劝阻魏王。季梁对魏王说："我这次在路上遇到一件很奇怪的事情。"魏王问他是什么事。季梁说："我在路上遇见一个人，正急匆匆地赶路。有个路人问他去哪里，他回答说去楚国。路人告诉他说：'到楚国去应往南走，你这是在往北走，方向错了，赶紧往回走吧。'那人却满不在乎，说他带了很多盘缠，雇了上好的车，驾的是骏马，车夫的驾车技术也很精湛。路人无奈，只好眼睁睁看他走远了。"讲完故事之后，季梁对魏王说，"现在大王想要称霸中原，一举一动都应取信于天下，这样才能树立权威。如果仗着自己国大兵多，用武力攻打邻邦，就不能建立威信，离您的理想越来越远了。正像要到南方去的那个人驾着车子往北走一样！"安釐王听后，认为他说得有理，于是就取消了攻打赵国的计划。

在中国，这个"南辕北辙"的典故可说是人人皆知，其道理十分浅显：无论做什么事，首先都要认清形势、看准方向。如果大方向是错的，再努力也是白费功夫，反而会离最初的目标越来越远。然而，大多数人读到这个故事，都只是一笑了之而已。在人们看来，世界上根本不存在这样的傻瓜。的确，"南辕北辙"反映的是一种极端的情况，那就是目标与方法完全背道而驰。而在现实生活中，我们遇到更多的情形是做事方法不对头，在达到目标之后，才发现走了很多弯路。

如何才能不走或者少走弯路呢？这要求我们做任何事情之前，都要对目标和方法加以考察和分析，既不能人云亦云，也不能拘泥于前人的经验。我们要学会创造，用真正属于自己的方法去实现目标。当然，有时针对同一目标的正确方法有很多种，都能达到殊途同归的效果。但我们要善于找到一个最佳的方法，只有这样才能更省时、更省力地实现目标。

第三节 对不同人使不同招数

【原典】

夫贤、不肖；智、愚；勇、怯，有差，乃可捭，乃可阖；乃可进，乃可退；乃可贱，乃可贵：无为以牧之。审定有无，与其实虚，随其嗜欲以见其志意。微排其所言，而捭反之，以求其实，贵得其指；阖而捭之，以求其利。

【评述】

人难免会有贤良和不肖、聪明和愚蠢、勇敢和怯懦的分别。对待不同的人，要采取不同的对策：或开放或封闭；或提升或辞退；或轻视或敬重，都要顺乎自然地加以驾驭。审察对方有什么，缺什么，以了解其虚实；通过分析他的嗜好和欲望，以摸清其意愿；适当排贬对方的言论，捭开其中的矛盾，加以诘难，以便探察实情。通过运用捭阖之道，采纳和质疑对方的言论，使对方一步步袒露心灵，最终达到自己的目的。

树上没有两片完全相同的树叶，世界上也不可能存在两个完全相同的人。据此，鬼谷子认为，我们说话、办事都要因人而异。只有全面而深刻地了解别人，才能"无为以牧之"，更好地实现"求其利"的目标。

有一则寓言，说一个人养了一只狗和一头驴子。有一天，主人外出吃饭，带回了一些食物。一进家门，他就把这些食物扔给狗吃，狗愉快地摇着尾巴迎上去。主人高兴地抱起了狗。驴子非常羡慕狗，心想："为了让主人高兴，我是否也可以这样呢？这对我来说很容易办到。"想着想着，驴子也跑了过来。它摇着尾巴，抬起一只丑陋的前蹄，欢蹦乱跳。主人大喊道："哎呀，这驴子一定是疯了，快拿棍子来！"结果，驴子被打了一顿，还被拴在了马槽边。

显然，驴子的错误在于它忽略了自己与狗的区别。在现实生活中，同一件事不一定适用不同的人。因此，对于不同的人，应该采取不同的对策。聪明人善于根据别人不同的特性，采取完全不同的对待方法。

《论语》中有这样一个故事，子路和冉有都问孔子，"听到一件事，是否可以立即去做？"而孔子给两人的答案截然不同。对子路，孔子回答：有父亲和兄长在，为何不先问问他们再去做呢？而对冉有，他的回答是：可以立即去做。孔子之所以这样做，是因为冉有做事总是退缩向后，所以要鼓励他去做；而子路胆子大，有时很鲁莽，所以要压压他。

孔子之所以成为伟大的教育家，很大程度上是因为他懂得"因材施教"的道理。他的那些杰出的弟子受到老师的影响，在建功立业的道路上也多精于此道。孔子的得意门生子贡困齐救鲁的故事，便是其中最有说服力的例子。

春秋末期，齐相田常说服齐简公兴兵伐鲁。当时齐强鲁弱，鲁国形势十分危急。孔子派子贡前往齐国斡旋。子贡见到田常，洞悉了田常蓄谋篡位，欲借战争铲除异己的心理，于是以"忧在外者攻其弱，忧在内者攻其强"的道理，劝他不要让齐国攻打弱小的鲁国，应转而攻打强大的吴国，借此才能达到隐秘的目的。田常虽然认为有理，但因齐国已作好攻鲁的部署，找不到借口转而攻吴。子贡说自己可前往吴国，说服吴王夫差救鲁伐齐，到时齐吴交战就顺理成章了。田常高兴地同意了。子贡赶到吴国，见到野心勃勃的夫差，说："若齐国攻下鲁国，势力大增，必将伐吴。大王不如先下手为强，联鲁攻齐，吴国不就可成就霸业了吗？"夫差心动，但又担心老对头越国乘机进犯，一时间犹豫不决。子贡又马不停蹄前往越国，说服越王随吴伐齐，解除了夫差的后顾之忧。子贡游说三国，已经达到了预期目标，但他又想到吴国战胜齐国之后，定会要挟鲁国，鲁国到时必须有所依靠。于是他又悄悄来到晋国，向晋定公陈述利害关系，劝他加紧备战，以防吴国进犯。后来，吴王夫差果然率十万精兵攻打齐国，越、鲁两国也派兵助战。齐国大败，只得请罪求和。夫差大获全胜之后，立即移师攻晋，却被早有防范的晋国击退。

子贡充分利用齐、吴、越、晋四国的矛盾，抓住主要人物的不同心理，区别对待，巧妙周旋，既击败了齐国，又灭了吴国的威风，使鲁国从危难中解脱出来，显示了高超的纵横之术。

人是形形色色的，如果相互熟悉还好办，如果对方是一个我们并不熟悉的人，那又该如何对待呢？再来看一个寓言，说有一个人买了一头驴子，想要牵走试试看。他把这头驴子牵到自己的驴马之中，驴子立刻来到一头好吃懒做的驴子身边。于是，这个人立刻和卖主说："这驴子我不买了，它是一头懒驴！"卖主问："你的这种方法可靠吗？"这个人回答："当然可靠。我想，什么样的人就会选择什么样的朋友。"

懒驴的身边，往往都是一些懒驴。即便本来不是懒驴，与懒驴相处久了，也难免变成懒驴。而在现实生活中，人们也都晓得"物以类聚，人以群分"的道理。因此，我们可通过考察一个人的生活圈子，对其做出相对合理的判断，进而决定对他采取什么样的态度。

古时候，齐宣王喜欢招贤纳士，于是让淳于髡举荐人才。淳于髡一天之内向齐宣王推荐了七位贤能之士。齐宣王和他们谈了谈，发现果然个个本领高强。齐宣王很惊讶，就问淳于髡说："寡人听说，人才是很难得的，如果一千年之内能找到一位贤人，那贤人就多得像肩并肩站着一样；如果一百年出现一个贤人，那贤人就像脚跟挨着脚跟站着一样。现在，你一天之内就推荐了七个贤士，那贤士是不是太多了？"淳于髡回答说："不能这样说！要知道，同类的鸟儿总聚在一起飞翔，同类的野兽总聚在一起行动。人们要寻找柴胡、桔梗这类药材，如果到水泽洼地去找，恐怕永远也找不到；要是到山的北面去找，那就可以成车地找到。这是因为天下同类的事物，总是要相聚在一起的。我淳于髡大概也算个贤士，所以让我举荐贤士，就如同在黄河里取水，在燧石中取火一样容易。我还要给您再推荐一些贤士，何止这七个！"

正如鬼谷子所说，世上之人有贤、不肖、智、愚、勇、怯的区别。人们往往愿意展示自己的贤、智、勇，没有人愿意暴露自己的不肖、愚、怯。因此，我们需要练就一双辨人识人的慧眼，隔着肚皮去读懂人心。在倡导"以人为本"的现代社会里，这可以说是所有人成就大事业的必备条件。

第四节　说与不说都要慎重

【原典】

　　或开而示之，或阖而闭之。开而示之者，同其情也；阖而闭之者，异其诚也。可与不可，审明其计谋，以原其同异。离合有守，先从其志。

【评述】

　　本句承上句，是说知人之后，我有两种选择：或敞开心扉直言，或关闭心扉沉默。与对方情感一致，则敞开心扉；与对方心意不同，则关闭心扉。至于敞开心扉与否，取决于是否研究清楚对方的计谋，了解对方与我在本质问题上的差异。无论选择哪一种，都必须有主见，在难于决断时，不妨暂时沉默。

　　现实生活中，既有口若悬河的人，也有沉默寡言的人。在一般人的观念里，喜欢说话总比不喜欢说话要好，至少情商显得要高一些，在社会上更吃得开一些，这多少有点道理。但是，喜欢说话并不等于会说话。在鬼谷子看来，真正会说话的人，都是需要说的时候才说，而且一说就能说到点子上，能发挥大的效用。而到了该沉默的时候，他们一定会沉默。

　　《墨子》里有这样一则故事。子禽问道："多说话有好处吗？"墨子说："蛤蟆、青蛙、苍蝇一天叫到晚，口干舌累，

但是没有人去注意它们。现在我们再来看公鸡，它每到黎明时就打鸣，天下人都被它惊动了。所以说，多说话有什么用呢？只有在正合时机的时候说话才有用。"话不在多，切中要害才是关键。

在适当的时机、适当的地点说出一番适当的话，小则可以改变个人的命运，大则可以改变历史的进程。在历史上，这样的例子是很多的。

汉朝初建的时候，战火方熄，民生凋敝。丞相萧何向高祖建议，将上林苑中的大片空地让给老百姓耕种。高祖一听萧何居然盯上了自己的园林，不禁勃然大怒，认为萧何肯定接受了老百姓的贿赂，才公然替他们说话，于是下令将萧何逮捕下狱，由廷尉审查治罪。这时，旁边一位侍卫官上前劝告高祖说："陛下是否记得楚汉相争及亲征陈豨、黥布的时候？那几年，丞相一人驻守关中，受到关中百姓的拥戴。若丞相真有利己之心，那关中之地恐怕非陛下所有。昔日丞相不为自己谋大利，今天又怎么会去贪占百姓的一点小利呢？"这简简单单的一席话，令高祖幡然醒悟，不由心生愧疚，立即下令赦免了萧何。

我们知道，汉朝廷尉惯用大刑，一旦萧何真落到廷尉手里，弄不好会屈打成招。在关系萧何命运的紧急关口，多亏那位侍卫官仗义执言，一语中的，打动了高祖之心，方才消除了萧何的牢狱之灾。凭着一副古道热肠，该直言时直言，这是侠士所为。但是，直言也应斟酌语句，说出话来掷地有声，方能达到助人解危的目的。若直言变成了激愤之言，则可能言而无功，甚至殃及自身。

与直言相比,沉默似乎简单多了,但其实也是不容易做到的。俗语说:"病从口入,祸从口出。"在日常生活中,因为说话不当产生矛盾的事,可能我们每个人都亲身经历过。古往今来,许多人都把"沉默是金"作为自己立身行事的一条原则。唐朝诗人刘禹锡的《口兵诫》说:"我诫于口,惟心之门。毋为我兵,当为我藩。以慎为键,以忍为阖。可以多食,毋以多言。"可见人们对言多语失是何等的慎诫。时至今日,我们虽然不再崇尚"沉默是金"的信条,但在某些场合,还是少说话为宜。

有一则寓言,说一只乌龟厌倦了自己的家,想到外面看世界。它把自己的打算讲给两只野鸭听,后者表示可以帮它实现愿望。为了空运乌龟,野鸭们在乌龟的嘴里横放了一根木棍,尔后吩咐它道:"咬紧啊,万万不能松口!"说罢,两只鸭子各架起棍子的一头,腾空而起,把乌龟送上了天。乌龟架在野鸭之间遨游,经过的地方,人们抬头观看,都十分惊奇。"真是神了!"大家喊道,"快看呀!乌龟皇后飞天了!"听了人们的赞叹,"乌龟皇后"忘乎所以,它准备开口说点什么,嘴刚一松开棍子,就从空中一个倒栽葱,摔死在那些观景的人群脚边。

不谨慎的多嘴饶舌,愚蠢的虚荣心,都是成功的共同敌人。在该沉默的时候,一定要沉默,否则谁也难保不会像那只有梦想的"乌龟皇后"一样,从事业的顶峰直摔下来。

15

第二章

反应篇

——回环反复，纵横世间此心不迷

本篇阐释了一种回环反复的思考方法。这种方法能使人更接近事物的本体，获得真知灼见。鬼谷子认为，在论辩或游说时，要"重之、袭之、反之、复之"，这样才能更准确地把握对方的真实意图，从而说服对方，使之听从自己。此法的关键，在于掌握"反"的诀窍。反观历史，才能更好地了解今天；反观自己，才能更好地了解他人。运用"反"的方法，前提是自己要"静"，要冷静地观察和分析对方。在此基础上，再运用所谓的"钓言之道"，让对方说出真话，从而在论辩中立于不败之地。

第一节　以历史和他人为鉴

【原典】

　　古之大化者，乃与无形俱生。反以观往，覆以验来；反以知古，覆以知今；反以知彼，覆以知己。动静虚实之理，不合于今，反古而求之。事有反而得覆者，圣人之意也，不可不察。

【评述】

19

　　古代以大道教化众生的圣人，总能遵循自然和社会发展的规律。反观以往，可察验未来；反观古代，可洞察今天；反观他人，可了解自己。若对事物动静与虚实的判断，在现在与未来得不到实践，不应怀疑鉴古知今的方法，而应更深入地研究历史，求得符合规律的认识。有些事情要反复探索才能把握，这是圣人的见解，不可不认真研究。

　　古人云：以铜为鉴，可以

正衣冠；以人为鉴，可以明得失；以史为鉴，可以知兴替。在这里，鬼谷子以一个纵横家的视角，阐明了"反以观往，覆以验来；反以知古，覆以知今；反以知彼，覆以知己"的方法论。

有一则寓言，说狮子、驴子和狐狸决定共同去打猎，它们收获很丰富。狮子要求驴子分配猎物，驴子把猎物平均分成三份，请狮子自己挑选一份。狮子恼怒了，它觉得自己得到的太少了。于是，它突然扑过去把驴子吃掉了。这回，狮子又让狐狸来分配猎物。狐狸把所有的猎物放在一起，请狮子来拿，自己仅留下很少的一点点。狮子问狐狸，是谁教它这样分配的。狐狸回答："是驴子的不幸。"

"他山之石，可以攻玉"，他人的实践经验可以成为自己的借鉴。生命有涯而知无涯，有限的生命不可能体验所有的事物。直接经验是宝贵的，但却是有限的。人的伟大之处，就在于能借助思维从间接经验中获得智慧。借鉴别人成功的经验和失败的教训，是自己获得智慧的路径之一。

秦末农民起义中，刘邦领兵攻破武关以后，长驱直入，歼灭了秦朝的主要兵力。秦王子婴迫不得已，只好捧着传国玉玺，开城投降。刘邦入咸阳城，进了秦宫，见宫室帷帐富丽堂皇，美女珍宝不计其数，顿起羡慕之意，想全部留下自己享受。武将樊哙极力劝阻，使刘邦很不高兴。谋臣张良对刘邦说："只因秦王残暴，不得人心，您才能得到今天的胜利。我们既然为天下除去暴君，就该改变奢侈淫逸之风，提倡俭朴风气。现在您刚入秦宫，就想像秦王一样享乐，岂不等于'助纣为虐'？樊哙将军的话虽然说得有一点激烈，但是他总是为了您着想，所以还是希望您能接受樊将军的建议。"刘邦认为张良的话有道理，于是撤出咸阳，把军队驻扎在灞上。张良劝说刘邦，巧妙地点出了秦朝奢侈淫逸导致灭亡的教训，使刘邦认识到了自己的错误。

"以史为鉴，可以知兴替"。一般情况下，借用历史人物和事件去劝说别人，更能令对方幡然警醒，收到良好的说服效果。中外历史上不乏这样巧妙说服的例子，如美国最早决定研制原子弹，就是罗斯福总统"以史为鉴"的结果。

1937年，爱因斯坦等科学家委托美国总统罗斯福的私人顾问萨克斯约见罗斯福，要求美国抢在纳粹德国之前造出原子弹。不料，罗斯福听了萨克斯的建议，冷淡地说："我听不懂什么核裂变的理论，现在政府无力投巨资研制这种新炸弹，你最好不要管这件事情了！"事后，罗斯福觉得自己的态度有点过火，为表歉意，他邀请萨克斯共进一次早餐。萨克斯冥思苦想，准备利用这个机会说服总统。第二天清晨，萨克斯与罗斯福一起来到餐厅。刚一落座，罗斯福便说："那天我的态度不好，抱歉！科学家们老爱异想天开。今天可不许你再提原子弹的事了！""那我就谈一点历史，好吗？"萨克斯平心静气地讲了起来，"当年拿破仑横扫欧洲，不可一世。他虽然在陆地作战时总是旗开得胜，在海战中却不尽如人意。有一次，一个叫富尔顿的美国人来见他，建议他砍断法国战舰的桅杆，安装上蒸汽机，把船板换上钢板，并说这样就会所向无敌，很快占领英伦三岛。拿破仑心想：船没了帆就无法行驶，船板换上钢板肯定会沉没。他认为富尔顿是个疯子，竟然把他赶走了。今天的历史学家们说：如果拿破仑当时采用了富尔顿的建议，那么整个欧洲的历史就会被改写。"罗斯福听罢，脸色变得严肃起来，他沉思片刻，然后对萨克斯说："你赢了，我们马上着手研制原子弹！"

聪明的萨克斯不直接对罗斯福总统谈原子弹的问题，而是以拿破仑拒绝技术革新的重大失误为例，使自称听不懂核裂变理论的罗斯福总统很快接受了科学家们的建议，作出了研制原子弹的重大决定，在反法西斯的战争中占据了先机，也改变了

21

22

整个世界现代史的进程。

"以人为鉴，可以明得失"。借用自己或别人过往的经验，方能以更稳健的步子走过今天，迈向未来。"老马识途"的故事，就充分证明了这一点。

春秋时代，齐桓公亲率大军进攻山戎，将其击溃。当齐军要返回时，却在深山中迷了路。当时已是冬天，白雪皑皑，山路弯曲多变，走着走着就辨不清方向了。这时，管仲说："不要紧，老马可以作我们的向导，它们认得路。"齐桓公立刻让人挑选了几匹老马，放开缰绳，让它们在前面随意地走，军队跟在马的后边。没多久，在几匹老马的带领下，齐军果然走出了山谷，找到了回齐国的路。

管仲知道老马识途，得益于他早年的经历。年轻时候，管仲家里很穷，经常和鲍叔牙一起跑生意，两人乘骑的都是宝马。一次，两人住在一家客店，遭遇盗贼，两匹马都被偷了。两人报了官，然而等了两天，毫无音讯。到了第三天，管仲、鲍叔牙正闷坐店中，忽听附近有"咳、咳"的马叫声，两人出门一看，竟是被盗的马自己回来了。管仲、鲍叔牙回到家中，就把宝马失而复得的事告诉了鲍父，并问是何原因。老人见多识广，对他俩说："这有什么奇怪的，俗话说：'猫记千，狗记万，老母鸡还记二里半'，何况是匹宝马良驹。"齐桓公是幸运的，因为他有了管仲。管仲也是幸运的，因为他有一段坎坷的人生经历，成为他那无穷智慧的源泉。老马识途，短短四个字道出了经验的重要性。在实际的摸爬滚打中所学到的东西要比从书本上学到的东西强上几百倍。光学书本知识是没有用的，赵括纸上谈兵就是很好的教训。人们经常说"失败乃成功之母"，失败并不一定是坏事，从失败中我们能积累经验和教训，这就是失败的好处。

在人的一生中，不可能是一帆风顺的，多少总会有一些坎坷和波折。聪明人经历过波折坎坷之后，"吃一堑长一智"，总能得到一些经验和启示，不会第二次犯同样的错误。但是，在现实生活中，被狗咬过的人又被狗咬，这也不是什么新鲜的事情！被狗咬过，再次看到狗的时候，一种人采取大呼小叫、拔腿逃跑的办法，结果适得其反，助长了狗的嚣张气焰，再次被狗咬就在所难免；另一种人看见狗来了，只是弯了弯腰，装出从地上拾块砖头的样子，狗马上夹着尾巴溜之大吉了。第一种人曾经付出过代价，但他没有从付出的代价中得到什么启示和有益的东西。而第二种人则从第一次被狗咬的经历中吸取了教训，完善了自己，避免了再次被狗咬到。

曾经付出的代价，是人生的一笔宝贵财富，珍惜它们，会让我们的人生之路越走越宽，越走越顺。

24

第二节　用大脑来听和说

【原典】

人言者，动也；己默者，静也。因其言，听其辞。言有不合者，反而求之，其应必出。言有象，事有比。其有象比，以观其次。象者象其事，比者比其辞也。

【评述】

25

让别人说话，使其处于动态之中；自己沉默不言，是处于静态之中。自己静听别人说话，了解他的辞意内涵。如果发现对方言辞有矛盾，不合乎实情，要反复地追问、诘难他，从对方的答辞中，可以进一步了解他。言谈之中，会用到象形、比喻、类比等修辞方法。听了对方的原话，要体会藏在其中的含义。所谓象，是指用象形法说其事；所谓比，是指用比喻或类比法述其意。

鬼谷子教导我们，要耐心倾听别人说话，如果别人话里有话，要搞清楚隐含的意思。同时要抓住机会提问，从对方的回答中了解真情。

有一则寓言，说一只从潮湿的洼地里蹦出来的青蛙，对所有的野兽宣称："我是一个医生，医术高明、见多识广，什么病都能治好！"野兽听了都非常高兴。只有一只狐狸疑惑地问道：

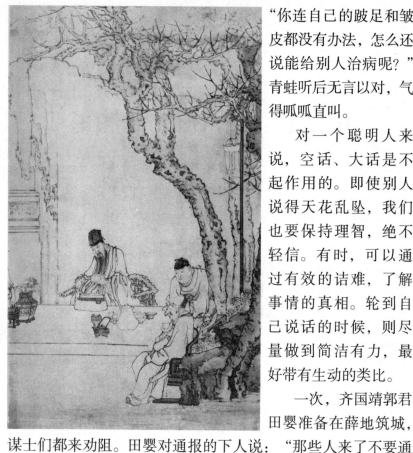

"你连自己的跛足和皱皮都没有办法，怎么还说能给别人治病呢？"青蛙听后无言以对，气得呱呱直叫。

对一个聪明人来说，空话、大话是不起作用的。即使别人说得天花乱坠，我们也要保持理智，绝不轻信。有时，可以通过有效的诘难，了解事情的真相。轮到自己说话的时候，则尽量做到简洁有力，最好带有生动的类比。

一次，齐国靖郭君田婴准备在薛地筑城，谋士们都来劝阻。田婴对通报的下人说："那些人来了不要通报。"有个人前来拜见，说："在下就说三个字。多一个字，甘愿受烹煮之刑。"田婴很好奇，于是接见了他。那人进来说："海大鱼！"说完掉头就走。田婴说："你先留下把话说完！"那人说："我可不敢拿性命当儿戏！"田婴说："不碍事，先生请讲！"客人这才回答道："你没听说过海里的大鱼吗？鱼网钓钩对它无能为力，一旦因为得意忘形离开了水域，那么蝼蚁也能随意摆布它。以此相比，齐国也就像殿下的'水'，如果你永远拥有齐国，要薛地有什么用呢？而你如果失去了齐国，即使将薛地的城墙筑得跟天一样高，又有什么用呢？"田婴称赞说："对。"于是停止了筑城的事。

齐人用富有诱惑力的惊人之语制造悬念，勾起了田婴的好奇心，诱使他继续听下去，然后用"海大鱼"这样一个形象的比喻，表达了"龙游浅滩遭虾戏"的意思，使田婴立刻认识到自己思虑不周的错误。

　　不要小看话语的威力。在古代历史中，一言杀人、一言救人的例子非常之多。《三国演义》中，曹操俘获吕布，吕布请求投降，曹操因惜才而犹豫不决之际，就询问刘备的意见，刘备淡淡的一句："公不见丁建阳、董卓之事乎？"便让勇冠三军的吕布顷刻殒命。而曹植在曹丕的威逼下作的那首著名的七步诗，"煮豆燃豆萁，豆在釜中泣。本是同根生，相煎何太急"，让他那手操生杀大权的哥哥听了惭愧不已，从而死罪得免。还有一个例子，战国时，魏文侯吞并了中山国，把它分封给自己的儿子。一天，魏文侯问群臣："我是个怎样的君主？"众臣答道："仁君。"唯独大臣任座表示异议，说："您得了中山国后，不封给您的弟弟，而封给您的儿子，这哪里是仁君所为呢？"魏文侯听罢大怒，任座见状离席而去。魏文侯又问翟璜。翟璜答："您是仁君。"魏文侯问："你为什么这样认为？"翟璜说："我听说先有仁君，而后才有耿直的大臣。任座是耿直的大臣，所以我认为您是仁君。"文侯听了又欣喜又惭愧，赶快让人把任座请了回来，并将他奉为上宾。

　　现实生活中，有些人说话喜欢直截了当，而有些人说话就很委婉。虽然这都无所谓对错，但有时候，当直截了当地说不太方便或抹不开面子的时候，就需要使用一些隐语，这样反而能起到很好的效果。不过，使用这种方式，一定要确保对方能够明白，否则就是空费心思。

　　北宋文学家范仲淹任杭州知府时，提拔了许多过去的手下，只要是有才能的都得到了重用。只有一个叫苏麟的，当时正好被派到外县巡察去了，所以没有得到什么照顾。等他回来以后，看到自己的一些朋友都升官了，他又不好意思直接向范仲淹求官，于是就写了一首诗，托人送给范仲淹。诗中写道："近水楼台先得月，向阳花木易为春。"范仲淹一看，心中会意，又觉得苏麟确实是个人才，于是马上为苏麟写了一封推荐信。没多久，苏麟就升官了。

听一个人说话，不同的人能听出不同的意思。有些人善于借题发挥，通过巧妙的设计，达到自己的目的。美国有一个出版商，他为仓库里堆积如山的滞销图书而发愁。有一天，他想到一个促销的好办法。于是他通过朋友送给美国总统一本样书。总统浏览一番以后，漫不经心地说："这本书不错！"出版商闻讯，利用总统这句话大作广告，一个月内把积压的书全部卖光了。过了一段时间，又有一批图书积压。这个出版商尝到了甜头，因此又给总统寄了一本样书。这一回总统不给面子，说了句"这本书糟透了！"于是，出版商在广告里大肆宣传："本公司有一本总统认为很糟糕的书出售！"不久，该书又销售一空。几个月后，这个出版商又遇到了图书积压的难题，他像前两次一样如法炮制，寄给总统一本样书。这一回总统学聪明了，对他的书一言不发。于是，出版商在广告里写道："这里有一本总统难以评价的书出售！"结果，积压图书全部告罄。

如果说眼睛是心灵的窗户，那么嘴巴就是心灵的大门。看一个人是善良还是邪恶，要看他的眼神；而要看一个人是智慧还是愚蠢，则要听他的言语。一个会听话也会说话的人，在人生的博弈中将获得更多的机会。

28

第三节　怎样让别人说真话

【原典】

　　以无形求有声，其钓语合事，得人实也。其犹张置网而取兽也，多张其会而司之。道合其事，彼自出之，此钓人之网也。常持其网驱之，其不言无比，乃为之变，以象动之，以报其心，见其情，随而牧之。己反往，彼覆来，言有象比，因而定基。重之袭之，反之覆之，万事不失其辞，圣人所诱愚智，事皆不疑。

【评述】

　　要用巧妙无形的方法引诱对方说话，若"钓语"合乎人情事理，就不难从其话语中窥测内心的实情。以张网捕兽为例：若多张置一些网，并加以密切关注，就能多捕获一些野兽。这个方法用于人事上，只要方案合宜，对方自然会被你网住，这就是钓人的"网"。经常拿着这张"网"与人周旋，可使对方向你推心置腹。如果你用的比喻对方不明白，就要改变方法，用形象来打动对方，以体会其真情实感，从而加以控制。若能你一言我一语地进行交流，且双方言辞均有形象、比喻，这就有了沟通的基础。若双方言语投机，你来我往，则世间万物没有说不清楚的。无论对方是愚人还是智者，圣人都有办法诱使他说出真情。

俗话说"人心隔肚皮"，你怎么保证别人跟你说的都是真话呢？鬼谷子认为，要想让别人说真话就必须善于"钓语"，就像拿饵钓鱼一样，把别人的真话钓出来。还要像张网捕兽一样，让别人无处躲藏，只有据实相告。熟练使用这些技巧，就不难听到真话。

春秋时期，楚成王立商臣为太子，后来又觉得不妥，想废黜太子。商臣得知这个讯息，但不知是真是假。于是，商臣就去问他的老师潘崇。潘崇说："这件事江芈想必知道，你设宴招待她，席间故意对她不敬，从中就可看出传闻的真假。"江芈是楚成王的妹妹，贵不可言，性格暴躁，人们见了她都毕恭毕敬，唯恐有半点闪失。商臣于是依计行事，请江芈赴宴。在

30

宴会中，商臣故意以言行冒犯江芈，使她十分恼怒。在离席时，江芈向商臣骂道："你果然是一个不争气的东西，怪不得大王要废你！"商臣听到江芈的话，证实了传闻的可靠性，便策划了一次宫廷政变，夺取了王位。

商臣抓住江芈火气大的弱点，故意出言不逊，试探出事情的真相，堪称险中求胜的一招妙棋。俗话说得好，

世上没有不透风的墙。同样，世上也没有完美无缺的人。只要是人，都会有这样那样的弱点。发现人性的弱点，投以适当的钓饵，就不难达到自己的目的。

唐朝时期，女皇武则天为了巩固统治，重用了两个残忍的执法官：一个叫周兴，一个叫来俊臣。有一次，有人向武则天告发周兴谋反。武则天命令来俊臣调查这件事。来俊臣知道周兴不好对付，于是请周兴来家里喝酒。在酒席上，来俊臣叹气说："兄弟我平日办案，常遇到一些犯人死不认罪，不知老兄有什么办法？"周兴得意地说："这还不好办！你找一个大瓮，四周用炭火烤热，再让犯人进到瓮里。犯人敢不招供吗？"来俊臣点头叫好，立刻命人抬来一口大瓮，在四周点上炭火，然后对周兴说："现在有人告你谋反，请老兄自己钻进瓮里吧！"周兴知道自己中了圈套，只好老老实实招供了。

来俊臣以请周兴支招为"钓语"，套出了在周兴心目中最恐怖的刑罚，然后一句"请君入瓮"，让周兴搬起石头砸了自己的脚。

第二次世界大战期间，法国反间谍机关收审了一位自称来自比利时北部农村的流浪汉，法国反间谍军官吉姆斯认定他是德国纳粹的间谍，可是还缺少有力的证据。审讯开始了。吉姆斯用法语提问："会数数吗？"这个问题很简单，流浪汉用法语流利地数数，没有露出一点破绽，甚至在说德语的人员容易说漏嘴的地方，他也能说得极熟练。于是他被押回小屋去了。过了一会，有人在屋外燃起火来，哨兵用德语大声喊："着火啦！"流浪汉无动于衷，照样睡他的觉。后来，吉姆斯又找来一位法国农民，和流浪汉谈论种庄稼的事，他谈的居然也不外行。看来吉姆斯凭外观判断的第一印象是不能成立的。第二天，流浪汉被押进审讯室的时候，吉姆斯正在审阅一份文件，在上面签完字，抬起头突然说："好啦，你可以走了，你自由了。"流浪汉长长地松了一口气。然而，他刚想转身，忽然发现吉姆

斯的脸上露出了胜利者的微笑，顿时恍然大悟。原来，吉姆斯在说上面那句话时用的是德语，而他表示听懂了。这个德国纳粹间谍的真实身份也因此暴露了。

吉姆斯之前使用的一系列方法，表面上看都是失败的，其实不然。这些方法就像张开了一张大网，为最后的收网做好了准备。德国间谍百密一疏，最终露出了狐狸尾巴。

需要说明的是，鬼谷子用"钓人之网"这样的字眼，难免会引起后人的猜疑，以为这位"智圣"在鼓励行奸使诈的行为。其实这是一种误解。所谓的"钓人之网"，我们可以把它理解为一种交际之法。在深入了解对方心理的基础上，通过言辞或其他方式的引诱，获得对方真实的信息。在当今社会生活的许多方面，这种方法都大有用武之地。

第三章

内捷篇

—— 清静自守，谈经论道上下相安

所谓"内揵"，指人的内心清静自守，不为外物所困的一种状态。本篇论述在内揵的前提下，人与人之间（尤其是上下级之间）维持正常关系的方法与原则。该篇首先指出，君臣上下之间的关系十分微妙：表面上很亲近的，内心却很疏远；表面上很疏远的，内心却很亲近，等等。"内揵"之法，要求人臣善于揣摩君主的心思，与其维持一种进退自如的关系。"内揵"的核心是一个"情"字。以"情"为中心，以"德"为辅，以"谋"为变通之法，这是鬼谷子的主导思想。在现代人际关系中，亦可借鉴内揵之法，创造出一种和谐的工作环境。

第一节　进忠言也要顺耳

【原典】

君臣上下之事，有远而亲，近而疏，就之不用，去之反求。日进前而不御，遥闻声而相思。事皆有内揵，素结本始。或结以道德，或结以党友，或结以财货，或结以采色。用其意，欲入则入，欲出则出；欲亲则亲，欲疏则疏；欲就则就，欲去则去；欲求则求，欲思则思。若蚨母之从子也，出无间，入无朕，独往独来，莫之能止。内者进说辞，揵者揵所谋也。欲说者务隐度，计事者务循顺。

【评述】

君臣上下之间的事情，有的距离远却很亲近，有的距离近却很疏远；有的找上门却不录用，有的离任反去聘求。有的天天在身边却不被信任，有的只是闻其名声却思慕不已。这种种微妙关系的出现，都是因为内揵的缘故。内揵一开始就将君臣从根本上结合到一起。或凭道德相结合，或依朋党相结合，或以钱物相结合，或靠封土相结合。臣下若揣准君主的心思，就能取得主动：想进来就进来，想出去就出去；想亲近就亲近，想疏远就疏远；想接近就接近，想离去就离去；想求取的就能得到，想让君主思念就能如愿。好比母青蚨依恋其子那样，来

36

去相随而不留痕迹，独往独来，谁也没法阻止。所谓"内"就是采纳意见；所谓"揵"就是进献计谋。在向君主进献说辞之前，务必暗自揣度君主的心思。在向君主谋划事情之前，也务必要循顺君主的意志。

俗话说："良药苦口利于病，忠言逆耳利于行。"这话虽然很有道理。但是，难道良药就一定苦口，忠言就一定逆耳了吗？在鬼谷子看来，向居上位者进忠言之前，要先摸清楚他的想法，然后顺着他的心思去说，这样就能在避免犯上的同时，还能使他愉快地接受你的观点。

春秋时，晋灵公贪图享乐，让人给他造一座九层的琼台。这一工程耗资巨大，劳民伤财，朝野上下一片反对之声，晋灵公一概不听，还下令说："谁敢再进谏，格杀勿论！"晋国有个能臣叫荀息，他知道此事后，便来求见晋灵公。晋灵公竟命令武士在暗处弯弓搭箭，只要荀息一开口劝谏，便立刻把他射死。谁知荀息见到晋灵公后，并没有提到琼台的事，而是要求给晋灵公表演杂技以博一笑。晋灵公高兴地答应了。荀息先把12颗棋子垒起来，再把鸡蛋一个个加上去。晋灵公看得提心吊胆，不禁在一旁大叫道："危险！"荀息慢条斯理地说："这算什么，还有比这更危险的呢！"晋灵公忙问："还有什么比这更危险？"荀息说："大王，您要造九层高台，造了三年，尚未完工，弄得民不聊生，男人们都被征调到工地去了，留下女人种庄稼，如果以后没有收成，国库就会空虚。一旦外敌入侵，国家危在旦夕，难道这不更危险吗？"晋灵公听后，觉得确实很危险，弄不好要亡国，立刻下令停止了高台的建造。

　　荀息用巧妙的方式，先以杂耍吸引灵公的注意力，再通过垒鸡蛋的演示向灵公形象地说明了国家面临的局面，使灵公停止了高台的兴建。在向别人提意见时，即使是出自好意，也要讲求方式方法，巧妙委婉的暗示和生动形象的比方，往往比直截了当的批评更容易为人所接受。

　　战国时，齐威王整天在宫中饮酒作乐，不理朝政。淳于髡知道齐威王爱听隐语，就进宫去对他说："国中有只大鸟，栖息在王宫里已经三年了，可是它从来没有飞过一次，也没有叫过一声，大王您猜猜看，这是一种什么鸟？"齐威王笑了笑说："这可不是一只平凡的鸟呀！它不飞也就罢了，一旦飞起来，就会直冲云天；它不叫也就算了，一旦大叫一声，天下的人都会大吃一惊。先生您先回去吧！我明白了。"从此，齐威王就像换了个人似的，开始勤勉治理国家。在齐威王执政的37年中，齐国始终是一个强国。

37

　　淳于髡没有直接批评齐威王不理朝政的行为，而是借大鸟的不飞不鸣为喻，在委婉批评的同时，也是一种间接的勉励。其结果，齐威王一下子振作起来，果然"一鸣惊人"了。在我国古代，敢于直言犯上的直臣、谏臣也不少，但大多没有好结果，而唐朝名臣魏徵则是一个例外。有一次，唐太宗被魏徵不留情面地批评之后，怒气冲冲地回到内宫，对长孙皇后说："我非杀了魏徵那乡巴佬不可。"皇后劝他说："有魏徵这样的大臣是值得庆贺的，没有您这样的明君，怎能有如此耿直的大臣呢？"唐太宗转念一想：是呀，没有魏徵，自己就无法知道自己的错误，那自己不就是昏君了吗？于是对魏徵加以重赏。

像魏徵这样犯言直谏的忠臣固然令人钦佩，但话说回来，唐太宗、长孙皇后这样的一对帝后那可是千年不遇。魏徵要是不幸生在其他朝代，以他天不怕地不怕的脾气，恐怕也难以善终。所以，在向上司进言时，还是要注意说话的技巧，因为你的上司毕竟不是唐太宗。

第二节　要学会随机应变

【原典】

　　阴虑可否，明言得失，以御其志。方来应时，以合其谋。详思来捷，往应时当也。夫内有不合者，不可施行也。乃揣切时宜，从便所为，以求其变。以变求内者，若管取捷。言往者，先顺辞也；说来者，以变言也。善变者，审知地势，乃通于天，以化四时，使鬼神，合于阴阳，而牧人民。见其谋事，知其志意。事有不合者，有所未知也。合而不结者，阳亲而阴疏。事有不合者，圣人不为谋也。

【评述】

　　向君主进谋献策，要暗自忖度是否可行，然后为其详尽分析得失，以驾驭君主之意。在进言时要随机应变，合乎君主的想法。若君主向我询问，必须做出适当的回答。在交谈过程中，若发现原来的言辞有不合君意者，应立即停止执行原方案。此时，应揣摩君主之心，顺势而为，以待君主自己改变看法。内捷中的随机应变，如同用钥匙开锁，至为重要。与君主交谈时，凡谈及以往的事，应顺着君主的言辞说；凡谈及未来的事，可以与君主有不同意见。内捷时善于随机应变者，总是能审察地势，通晓天时，遵循四时变化规律，驾驭鬼神，合于阴阳之道。

他治下的百姓，都能够安居乐业。只要看君主的做事方式，就可判断出其志向和意愿。如果你的计谋不合君主之意，说明你对他的了解还不透彻。如果你的计谋合乎君主之意，却没有任何结果，那么你应表面上亲近，而暗中与之疏远。

君臣之间若不能情投意合，圣人不会为他出谋划策。鬼谷子认为，一个经常与居上位者接触的人，一言一行都势必要小心谨慎，以免出错。但是这样还不够，还必须要头脑灵活。在应付突发事件时，要有随机应变的能力。

春秋时期，晋文公的管家给他上了一盘烤肉。文公正要吃，发现有毛发缠绕在上面，便把管家叫来训斥道："烤肉上怎么绕着毛发，你想让寡人噎着吗？"管家见状一惊，立即磕头请罪道："我有三条死罪：用磨刀石磨刀，磨得非常锋利，切肉切得，断毛却切不断，这是我的第一条罪；用木棍穿肉块却看不见毛发，这是我的第二条罪；用炽烈的炉子、通红的炭火烤熟了肉，但是毛发却没有烧掉，这是我的第三条罪。"听到这里，文公明白了，是有人在暗中陷害管家。于是召集堂下的所有人来盘问，真的找到了这个人，于是重重责罚了他。

管家遭人陷害，被晋文公责骂，但他很快就冷静下来，以自列罪状的方式，向晋文公申诉了自己的冤枉，合情合理。这种方式，显然要比直接喊冤效果好得多。

事实上，凡居上位者都带有一定的傲气和霸气，有人将其形容为老虎的屁股——摸不得。但话说回来，智者千虑，必有一失。若不慎触怒了居上位者，真摸了老虎的屁股，就该设法予以补救。这需要智慧，而且是"急智"。

刘邦称帝后，一天把韩信召进宫中闲谈，要他评论一下各将领的才能，韩信一一说了，当然，那些人韩信根本就不放在眼里。刘邦听了，便笑着问他："依你看来，像我这样的能带多少人马？"韩信回答："陛下能带十万。"刘邦又问："那你呢？"韩信答："对我来说，当然是越多越好了！"刘邦心里不快，但还是笑着问道："你带兵多多益善，怎么为我所用呢？"韩信知道自己说错了话，忙掩饰说："陛下虽然带兵不多，但您'善将将'，驾驭将领的能力无人能比啊！"刘邦一听这话，心里顿时舒坦了许多。

韩信后来死于非命，也是因为他功高震主、不知收敛的缘故。但在这里，韩信给刘邦戴上'善将将'这顶高帽子，确实还是令刘邦十分欣喜的。韩信虽然不以舌辩见长，但随机应变的本事还是很高强的。若自己不被居上位者看好，甚至遭到打击和羞辱，这个时候怎么办？是据理力争，还是忍气吞声？这，似乎不能一概而论，但一般情况下，都是需要有"忍"的功夫的。

晋代人杜锡曾任太子司马遹的近侍官，他多次对太子的不端行为予以劝诫，引起太子的怨恨。太子很想惩罚他，但是杜锡一向奉公守法，没法给他定罪。太子想来想去，终于想出一招。一天，太子让人把针放在杜锡常坐的毡子下，杜锡来见太子的时候，一坐上去就挨了针扎，弄得很是狼狈，但很快他就忍住疼痛，又泰然自若起来。太子问他："你坐上什么了？"杜锡知道太子在捣鬼，心里很气愤，转念一想：人家是太子，也就是将来的皇帝，自己得罪不起啊！于是就回答说："我什么也不知道啊！"太子听他这么说，就若有所思地说："我还以为你只喜欢跟我过不去呢，没想到你也跟自己过不去！"以后就再也没有戏弄过杜锡。

面对太子的挑衅举动，杜锡能够随机应变，处之泰然，因为他深知君臣之间的关系，君要臣死，臣不得不死。如何才能消灾免祸，摆脱"不得不死"的悲剧，确实是古代臣子的一大课题。

　　晋朝时候，尚书令乐广的女儿嫁给大将军成都王司马颖。成都王的哥哥长沙王在洛阳专权，成都王于是出兵夺权。长沙王平素亲近小人，疏远君子，凡是在朝为官的，无不怀着恐惧的心情。乐广在朝廷中享有盛誉，又和成都王有姻亲关系，一些小人就在长沙王跟前说他的坏话。长沙王就问乐广是否在暗通成都王，乐广神色自若地回答说："我家五个儿子都在洛阳，我怎么会拿五个儿子去换一个女儿呢？"长沙王从此释然，对他不再有疑虑。

　　以上所举的这几个例子中，主人公都随机应变，躲过了灾祸。在向上司提建议或遭到上司责问时，我们又怎能缺少这种随机应变的本事？

第三节　有"的"才能放"矢"

||【原典】||

故远而亲者，有阴德也；近而疏者，志不合也。就而不用者，策不得也；去而反求者，事中来也。日进前而不御者，施不合也；遥闻声而相思者，合于谋以待决事也。故曰："不见其类而为之者见逆，不得其情而说之者见非。得其情，乃制其术。此用可出可入，可揵可开。"故圣人立事，以此先知而揵万物。

||【评述】||

所以说，与君主距离很远却被亲近，是因为私下有恩德于君；与君主距离很近却被疏远，是因为与君主志向不合；找上门而不被录用，是因为所献计策不被君主欣赏；离去之后反受聘用，是因为其主张的正确性被事实所证明；每天都在君主面前而不被信任，是因为行为举止不合君意；相隔遥远却被思念，是因为其主张与君主相合，现遇疑难，急需此人参与决断。所以说，没有搞清对方是哪类人就去盲目游说，必然事与愿违；在未掌握实情的时候盲目游说，也定然遭到否定。只有充分掌握情况，并有制服人的方术，才可出可入，可内揵，也可离开。圣人立身处世，注重调查研究，有先见之明，方可从容驾驭万物。

我们平时说话、办事，怎样才能达到预期的效果呢？鬼谷

44

子认为，要"得其情，乃制其术"，就是说，必须通过调查研究，掌握实情，然后根据实情锁定目标，采取行动。这就是俗语所说的"有的放矢"。如果在掌握实情之前就盲目行动，必然遭遇失败。

有一只狐狸，不小心掉进井里，爬不出来了。正好一只山羊口渴了，来到井边。它发现了狐狸，便问："狐狸，井水好喝吗？"狐狸说："这井水清澈甘甜，你赶紧跳下来，咱们一起喝吧。"山羊相信了狐狸的话，"扑通"跳了下来。当它喝完水后，才发现上不去了。狐狸对它说："我有个好办法。你用前脚扒在井墙上，我踩着你跳上井去，再拉你出来，我们就都得救了。"山羊同意了。狐狸跳出井口以后，就不再管山羊了。山羊生气地骂狐狸不守信用。狐狸对井下的山羊说："喂，伙计，如果你的头脑和你的胡须一样完美，就决不会在没想到上来的办法前就跳下去。"

一个事先不经过调查研究就盲目行动的人，就像那只被狐狸骗得团团转的愚蠢的山羊一样，将会处处受困。与此相反，一个聪明人在行动之前就会把情况调查清楚，并预见到事情的结果。

公元前210年，秦始皇在南巡途中一病不起，知道自己大限将至，于是连忙召见丞相李斯，要李斯草拟密诏，立扶苏为太子。当时，掌管玉玺和诏书的是宦官赵高。赵高早有野心，看准了这是一次难得的机会，就故意扣压了密诏。几天后，秦始皇驾崩。李斯怕太子回来之前，政局动荡，所以秘不发丧。赵高特意去找李斯，告诉他，皇上赐给扶苏的信，还扣在自己这里。现在，立谁为太子，他们两人就可以决定。狡猾的赵高知道李斯是个权力欲很强的人，又了解到他与大将军蒙恬不和，于是就借机对他讲明利害："如果扶苏做了皇帝，一定会重用蒙恬，到那个时候，宰相的位置你能坐得稳吗？"一席话，果然把李斯说动心了，于是二人合谋，制造假诏书，赐死扶苏，杀了蒙恬。赵高未用一兵一卒，就把昏庸无能的胡亥扶为秦二世，为自己今后的专权打下基础。

在现代商业领域，企业或个人在做出某种买卖或投资之前，也要进行充分的调查研究，在掌握正确信息的基础上做出决策，以最大限度地获取经济效益。王先生是某个公司的所有人，经过银行介绍，他想以200万元的价格把他的公司卖给张先生。为了尽快完成交易，王先生把经营这家公司的前景大肆吹嘘了一番。但是张先生没有轻信他的话，经过多方仔细调查，发现这家企业其实已摇摇欲坠，而且欠银行一大笔钱，如果公司卖不成，银行也势必跟着倒霉。因此，张先生决定让银行做媒介，给王先生施加压力。于是张先生跑去对银行负责人说："看目前的情况，这家公司顶多值50万元，但王先生不会接受这个价格，所以您必须帮助我和他好好谈谈，否则公司破产，您也会跟着遭受损失。"银行方面也认为50万元价格是十分公平合理的，于是从中撮合，最后生意谈成，双方以50万元价格成交。

　　在收购公司的过程中,张先生没有听信王先生的一面之词,而是做了大量调查工作,估算出了该公司的实际价值,然后巧借银行来压价,终于以较低的价格完成了收购。可见,做任何事情之前,调查研究都是不可缺少的。

46

第四章

抵巇篇

——见微知著，因时而动进退自如

　　本篇中所说的"巇",本意为缝隙,可引申为矛盾、漏洞,或者困扰人们的问题。鬼谷子认为,"物有自然,事有合离",在事物"合离"运动的过程中,不可避免有"巇"的存在。在"巇"的萌芽时期,能预测到它的发展,及时铲除恶的种子,这就是"抵巇"。古代圣贤大都深得抵巇之道,他们能准确抓住抵巇的时机,实施谋略,以避免乱世所带来的大灾难。当天下太平时,他们就隐居以待时。可见,抵巇之道的核心,就是能够审时度势,抓住时机,使矛盾迎刃而解。

第一节　成大事者不轻小节

【原典】

物有自然，事有合离。有近而不可见，有远而可知。近而不可见者，不察其辞也；远而可知者，反往以验来也。

【评述】

万物都有自然发展的规律，万事都有自然离合的道理。有的在近前却看不见，有的在远处却能得知。在近前的之所以看不见，是由于习而不察，不明对方的虚实；在远处的之所以能得知，是因为反观以往，可以推验未来。

鬼谷子说得好："有近而不可见，远而可知。"为什么在近处的反而看不见呢？因为近处的东西太平常了。同样的道理，我们生活中有很多事情不被重视，因为它们太小了。但是有句古话叫"不积跬步，无以致千里"，对于想干大事的人，就怎么能轻视小节呢？

有个富家子弟特别爱吃饺子，每天都要吃。但他只吃馅，吃完了就将饺子皮丢到屋子后面的小河里。好景不长，在他16岁那年，一把大火烧了他的家，父母也相继病逝。这下子他身无分文，又不好意思要饭。邻居家大嫂是个好人，每顿送给他一碗面糊糊吃。他则洗心革面，发奋读书，发誓三年后考取官位回来，好好感谢大嫂。三年后，他果真中了举，做了官，于是就衣锦还乡去见大嫂。大嫂什么礼物也不愿意接受，而是对他说："你不要感谢我。我没给你什么，三年来你吃的饭都是当年你丢下的饺子皮，我收集晒干后装了好几麻袋。本来是想备不时之需的，正好你有需要，就还给你了。"大官愣住了，继而思考良久……

世间万物都是由小到大发展变化而来的，都有一个由量的积累到质的变化的过程，一个人的本性是善的，可是如果不注意修养自身，日后也可能逐渐地变坏。这就是"勿

以善小而不为，勿以恶小而为之"的道理。

周武王灭掉商朝，做了天子以后，远方的西戎国派使臣送来一条大狗。这条狗是西戎的特产，非常名贵，武王高兴地收下了。召公担心武王贪图享受，就劝谏他。武王觉得不过是收下一条狗，没什么大不了的。召公说："贤明的君主应该给百官做出表率，随时注意积累自己的德行，哪怕是小细节也应该注意。大德是由小德积累而来的，就好像用土去堆一座很高的山。山很快就要堆成了，只差一筐土的高度。如果这时你停止了，就不能成功，这不是太可惜了吗？您是一个贤明的君主，可不能犯这种错误啊！"武王听了召公的劝告，就专心治理朝政，最终成为一位贤明的君主。

召公说得没错，越是干大事业的人，越应该注意小节。俗话说"千里之堤，溃于蚁穴"，垃圾堆里的一点火星，可以把一座宫殿烧成灰烬。你站在高处，身上任何一个微小的弱点都可能成为敌人集中火力攻击的目标。《荷马史诗》中的著名英雄阿喀琉斯刀剑不入，但脚后跟却是他的致命之处。就因为有

了这个弱点，他终于死在太阳神的箭下。

在别人都能看到的时候，言行有节，这是很容易的；但是在别人看不到的时候，依然能不改操守，注重生活小节，这就不是人人都能做到的了。蘧伯玉"不欺暗室"的故事就证明了这一点。蘧伯玉是卫灵公时著名的贤大夫。一次，卫灵公与夫人南子在宫中夜坐，先听到辚辚的车声，可到宫门时就消失了，过了一会儿，辚辚的车声又响起来。卫灵公就问夫人说："你知道刚才过去的人是谁吗？"夫人说："应该是蘧伯玉。"灵公问："你怎么知道呢？"南子说："君子是非常注意自己的生活细节的，车走到宫门口时没了声音，那是车的主人让车夫下车，用手扶着车辕慢行，为的是怕车声打扰国君。能这样做的人，除了蘧伯玉还有谁？"灵公派人去看，果然是蘧伯玉。只有像蘧伯玉这种"不欺暗室"的人，才是真正的君子，因为他们做事不是为了赢得美名，而是为了坚持自己的信念。对自己诚实，有时比对他人诚实还要难。

一个人能不能干成大事，有很多种检测的方法，但最简单的一种，就是看他在处理小事时的态度和做法。

明朝抗倭名将戚继光出身于将门世家，他的父亲戚景通对他管教很严格。戚继光12岁的时候，有一次，有人送给他一双很漂亮的丝织鞋子。戚继光很喜欢这双鞋，就穿着它跑来跑去。戚景通一见，十分恼火，立刻将儿子叫住，斥责道："你有吃有穿，还不知道满足，小小年纪就穿这样的鞋子，长大后，你就会去追求荣华富贵。要是你今后当了军官，说不定还会侵吞士兵的粮饷，后果不堪设想啊！"戚继光听了父亲的教诲，感到很惭愧，他立刻弯腰脱掉丝鞋，换上了布鞋。从此，他再也不追求奢侈了，当上将军以后，他也依然过着俭朴的生活。

现代社会，人们都希望自己过上富足的生活。而使自己变得富裕的方法有很多，但最重要的一点就是要珍惜自己的钱，善用自己的钱。你省下来的或额外得到的一分钱，都是自己的资产，说不定什么时候就会派上用场，发挥关键的作用。

有两个年轻人一起找工作。一个是英国人，一个是犹太人。一枚硬币躺在地上，英国青年看也不看地走了过去，犹太青年却激动地将它捡起来。英国青年对犹太青年的举动露出鄙夷之色："一枚硬币也捡，真没出息！"犹太青年望着远去的英国青年心生感慨："让钱白白地从身边溜走，真没出息！"后来，两个人同时走进一家公司。公司很小，工作很累，工资也低。英国青年不屑一顾地走了，而犹太青年却高兴地留了下来。两年后，英国青年还在试图寻找一份令自己满意的工作，面试他的老板正是那位犹太青年。英国青年对此很不理解，他问："为什么你能这么快成功呢？"犹太青年说："因为我没有像你那样从一枚硬币上迈过去。你连一枚硬币都不要，怎么会发大财呢？"

在对一枚硬币的取舍中，英国青年以他的绅士风度选择了藐视，最终一无所获；而精明的犹太青年却不放过任何一个积累财富的机会，终于成为了大富翁。这里边，难道没有值得我们深思的东西吗？疏忽小节的人，最终做不成大事。古人所说的"一屋不扫，何以扫天下"，也正是这个意思。

第二节　要注意消除隐患

【原典】

罅者，𬯀也；𬯀者，峒也；峒者，成大隙也。罅始有朕，可抵而塞，可抵而却，可抵而息，可抵而匿，可抵而得，此谓抵罅之理也。事之危也，圣人知之，独保其身，因化说事，通达计谋，以识细微，经起秋毫之末，挥之于太山之本。其施外，兆萌芽糵之谋，皆由抵罅，抵罅之隙，为道术用。

53

【评述】

所谓"罅"就是小的缝隙，罅发展之后变成"𬯀"，𬯀发展之后变成"峒"，峒发展以后变成"大隙"。当小的缝隙刚出现时，常带有某种预兆，此时就应设法加以堵塞，使其变小，或者不再扩展，或者消失，如果仍不可治，就设法使之转化，弃旧图新。这就是抵罅的原理。当危机朕兆出现时，圣人就敏锐地察知到了，他们总是密切注意危机的朕兆，利用事物变化的原理进行具体分析，提出计谋，进一步认识朕兆的细微变化。利用秋毫之末，可动摇泰山之根基。当圣人的德政推行外方后，当对方出现危机征兆时，就要运用抵罅对付，予以排斥或者消灭。总之，抵罅是一种政治斗争的道术。

在这里，鬼谷子分析了古代圣贤应付社会危机的办法，概括来说，就是"防微杜渐"四字。在危机刚刚露出苗头的时候，圣贤们就能找到解决的办法。

有一只燕子，它在飞行途中学到了不少知识。播种的季节里，燕子对小鸟说："你们看，人类撒下的种子，用不了多久就会毁掉你们！你们得赶快把种子吃掉。"小鸟对燕子说："燕子，你在说傻话吧！大田里可吃的东西太多了，小小的种子值得一吃吗？"转眼间，大田里长出了绿油油的苗，燕子着急地对小鸟说："趁这些苗还没有结出可恶的果实，赶紧把它们统统拔掉，不然的话，你们就会遭殃。"小鸟不耐烦地说："你这个预言灾祸的丧门星，别整天瞎唠叨！"庄稼就要成熟了，燕子说："可怕的日子就要来到。一旦人们收割完庄稼，秋闲下来的农民将拿你们开刀，到处都是捕鸟的夹子和罗网。你们最好待在家里别乱跑，要么跟着我飞到温暖的南方吧。"小鸟把燕子的忠告全当了耳边风，根本不理它。秋天到了，庄稼熟了。燕子飞到了南方，过着舒服的日子。而大田里的小鸟们不是被关进了鸟笼，就是被吃掉了。

当危机刚出现苗头的时候，智者就能敏锐地察知，而愚者还蒙在鼓里，往往对智者的忠告不屑一顾。古代圣贤明君能把国家治理得很好，就因为他们能及时发现问题，在危机还处于萌芽状态的时候就加以消除。反过来，那些亡国之君，像秦二世、隋炀帝之流，则对天大的危机视而不见，最终使大好江山在自己手里败落。

天下刚刚安定，需要创造一个和平安宁、休养生息的环境。但维护这个和平环境是很不容易的，一旦放松警惕，就难免有沉渣浮起，搅浑一池春水。所以为政者要明白，休养生息不等于"刀枪入库，马放南山"，无事可做了，而更要时刻戒备，危机和危难往往蕴藏于太平盛世、安定祥和之中。而危机和危难的爆发，肯定有其最初的细微诱因和苗头。我们要时刻不忘居安思危，将这些诱因和苗头消灭在萌芽之中，切不可酿成大乱再去处理。

"防微杜渐"这四个字，既适用于国，也适用于家。家庭是社会的细胞，家庭美满幸福，社会才能稳定发展，要做治国平天下这样的大事，先要从日常居家小事做起，从一言一行做起。老子说过："千里之行，始于足下。"若小节不修，言行不信，虽是小事也能酿成大的祸端。所以家要在一开始就立下规矩，不脱离正常的轨道。只有如此才能使家中诸人和睦友爱，这个家族才能兴旺繁盛。

曾国藩被后人戏称为治家八宝饭的"书蔬鱼猪，早扫考宝"以及勤俭孝友就是其齐家理论的核心。书蔬鱼猪是一家生产力的表现，勤俭孝友是一家精神力的表现，二者相辅相成。曾国藩熟读前人书籍，知道自古以来很多的钟鸣鼎食之家相继败落，

都是因为子孙骄奢淫逸所致。因此他屡次训诫后辈说："家败，离不得个'奢'字。"他还要求主持家政的弟弟澄侯把金日磾、霍光这样的正反事例"解示后辈"，意在要后辈戒奢戒骄。所以曾国藩在家训中，时时强调一个"俭"字。曾国藩治家有方，兄弟多有建树，子孙也人才辈出，家中一团和气，尊老扶幼，子孝妻贤，世世代代广为流传。

　　一些目光远大的杰出人士，往往都明白这个道理，因此他们懂得节制自己儿女的物欲。美国前总统肯尼迪的父亲约瑟夫是美国最知名的五大企业家之一。为了防止日后发生不测，约瑟夫给每个孩子存了一千万美元的委托金，但决不让富裕腐蚀他们。为使孩子们懂得如何节俭，约瑟夫每月给他们很少的零花钱。肯尼迪成为总统后，报纸曾公布过他十岁时向父亲递交的一份正式请求，请求父亲将他的零花钱由每星期四毛提高到六毛，但父亲未予准许。然而，另一方面，约瑟夫又十分注意培养孩子的美好品性。他经常邀请知名人士来家里聚宴，鼓

励孩子们上餐桌参加他们的谈话。他让男孩子们全部进非教
会学校读书，扩大视野。他的四个儿子后来全进了哈佛大学，
并个个有所作为。

　　《周易》中说："君子藏器于身，待时而动。"我们一旦
觉察到隐患随时可能萌生，就要用"器"将它斩杀于摇篮之中，
做到防微杜渐。这，便是鬼谷子抵巇之术的精髓。

第三节 要勇于革旧迎新

【原典】

天下纷错，士无明主，公侯无道德，则小人谗贼，贤人不用，圣人窜匿，贪利诈伪者作，君臣相惑，土崩瓦解，而相伐射，父子离散，乖乱反目，是谓萌芽巇罅。圣人见萌芽巇罅，则抵之以法。世可以治则抵而塞之，不可治则抵而得之。或抵如此，或抵如彼；或抵反之，或抵覆之。五帝之政，抵而塞之，三王之事，抵而得之，诸侯相抵，不可胜数。当此之时，能抵为右。

【评述】

天下混乱，士没有遇到明君，公侯缺乏道德，小人们就会谗害忠良，贤能之人不被任用，圣人被迫逃匿，贪利伪诈之徒兴风作浪，君臣互相猜疑，国家土崩瓦解，以致百姓互相杀伐，父子离散，骨肉乖离，这就是"萌芽巇罅"。圣人见到萌芽巇罅之后，就要采取相应的手段加以对付。若世道能够治理，就要设法堵塞巇罅；若世道不可治，就设法推翻它，使之获得新生。总之要解决矛盾，或这样对付，或那样对付；或弥补裂缝，或颠覆更新。例如五帝对当时的社会巇罅，均采取补塞的办法；夏、商、周三王时代，则是采取颠覆办法，取得政权。春秋战

国以来,诸侯之间的互相征伐,多得数不清。当天下混乱时,谁能善于抵巇,就能占据上风。

鬼谷子是主张积极变革的,他认为,当出现了"天下纷错,士无明主,公侯无道德"的现象时,就表明社会出现了问题,需要一场变革来加以整顿。而古代的圣人所进行的变革,都能达到安定社会、造福万民的目的。

西汉武帝时,著名的经学大师董仲舒在朝廷担任博士,受到汉武帝的重用。当时,汉武帝请学者们对治国之道提出建议。董仲舒借机发表了一番很有名的言论,他说:"汉朝继秦而立,秦朝的旧制度都不适用了。好比琴上的弦已经陈旧不堪,只有更换新的弦,才能继续弹奏。同样,社会也需要改革。琴弦该换而不换,就是最好的音乐家也弹不出优美的曲子来。应当改革而不改,就是最贤明的政治家也不能创造令人满意的政绩。"汉武帝对他的这番见解表示赞同,这才有了所谓的"罢黜百家,独尊儒术"。

革旧迎新是历史发展的必然趋势,这是个人的愿望改变不了的。荆轲刺秦王的壮举最终以失败告终,但他那不畏强暴、不怕牺牲的英雄气概一直为人们所称道。然而,从另外一个角度来说,荆轲的刺杀行动,却是以阻止变革为目标的。

当时秦国攻灭燕赵,统一六国,是符合社会利益的,不是某个刺客的暗杀行动所能阻止的,所以荆轲从一出场就注定了失败的结局。变革旧的事物,绝不是什么轻而易举的事情,需要一段时间的准备,才能逐渐被人们理解、接受。古代圣王的变革都是顺天应人、大公至正的,没有什么阴谋可疑之事,就像是老虎身上的斑纹一样昭然可见，天下人看得清清楚楚，无不信从。东汉的马融说："虎变威德，折冲万里，望风而信。"可见"德"是多么重要，任何人在推行变革之时，能够做到德行天下，革道显明，天下人自然会云集响应，这样的变革前景当然美好。西周文王是一个英明的君王，他在为讨伐荒淫无道的商纣做准备的时候，天下的人认为他是顺心应人，都相信他的决心，都明白他的志向。于是许多才俊之士如太颠、辛甲、闳夭、散宜生等纷纷前来投奔，连邻近的诸侯小国也都来臣服，他们都聚集到周族正义的麾下，为兴周灭商效力。文王的这些准备为后来的武王伐纣，建立八百年周家天下奠定了坚实的基础。

变革是一个循序渐进的过程，它不能一蹴而就，更不是靠一股热情就能奏效的。它需要分步骤分阶段地进行，经过反复研究，天时地利人和都有了，只需顺势而行，避免盲目行事。变革是非常严肃的事情，需要热情，更需要冷静；需要勇敢，更需要智谋。对变革的舆论，必须要经过反复多次的研究探讨，进行审慎周密的考虑安排，证明变革确实合理可行，没有什么问题。同时，还要能够得到人们的理解与信任，只有到了这个时候，才可以大刀阔斧地进行变革。

如果不该变革的时候贸然变革，这就有点激进和冒险，其效果难得恰好，甚至会适得其反。变革失败不只是失败本身的问题，有时还会造成其他影响。比如变革失败就有可能再也不允许变革了。另一方面，若到了该变革的时候不变革，就会错失良机，贻误大事。

变革成功之后，就一定要小心翼翼地维护变革的成果。历朝历代在经济与政治改革获得一定的成功之后，就一再强调要稳定，稳定压倒一切，这样的目的只有一个，就是维护变革后的成果。天下之事，变革之前，主要的问题是变革；变革一旦成功之后，主要的问题就不在于变革而在于守成了，此时要好

60

好地巩固变革的胜利成果，持守正道，以使老百姓逐渐享受到变革的利益，使他们由革面而发展到革心。如果此时不安守既有成果，又思变革，势必会过犹不及，导致凶险。

法国大革命时期，雅各宾派的恐怖政策作为一种"战时体制"，可以说是在法国内忧外患空前严重的情况下被迫采取的措施，它暂时牺牲资产阶级的某些利益，满足了群众的某些要求，在挽救共和国和拯救革命方面起了积极作用。但是，当危机过后，雅各宾派仍然采用这种政策，而不去巩固已有成果，这使大资产阶级开始反对他们，人民也开始反对恐怖政策，雅各宾派逐渐趋于孤立，在各种因素的综合下，最终罗伯斯比尔及雅各宾派的许多成员都被送上了断头台。

在这个竞争日益激烈的时代，惟有积极变革的企业才能生存，才能在市场竞争中站稳脚跟，走出新的道路，迈上财富的康庄大道。世界旅馆业巨头威尔逊为了把自己的旅馆建成第一流的旅馆，首次在房间里使用了空调、电视，还为孩子们设计了游泳池，增加了照顾孩子的服务项目，甚至设计了为旅客的小狗居住的免费狗屋。所有这些，在当时都是闻所未闻的。别人的旅馆冷冷清清，而他的旅馆却总是挤得满满当当。

威尔逊旅馆的成功之处，就在于突破了当时一般的经营策略，勇敢地采用最新、最先进的设备，有针对性地设计项目，拥有了别人无法企及的特点和优势。反之，若一味固守老传统、老经验，就会掐断财富的萌芽。"当此之时，能抵为右"，这可以看作是鬼谷子对现代人的忠告。

第五章

飞箔篇

——善布罗网，佐世良才俱入吾彀

64

　　所谓"飞箝"，其意犹如"捭阖"，不过这里侧重于笼络人才的意思。"飞"者，指使人敞开心扉自由言论的方法；"箝"者，本意指夹住，引申为"控制"，指使人不能自由活动的方法。飞箝之术，即先用动听诱人的话套住对方，从其言谈中察知真实意图，最后使对方为我所用或制服对方。古往今来，任何人要成就大业，都必须有人才辅佐。取用人才的关键，就在于能准确权衡人的智能、才干和气质，并坚持正确的用人方法。也就是说，飞箝之术是一种引人之术、服人之术、用人之术。

第一节　统帅要善于鉴人

[【原典】]

凡度权量能，所以征远来近。立势而制事，必先察同异，别是非之语，见内外之辞，知有无之数；决安危之计，定亲疏之事；然后乃权量之。其有隐括，乃可征、乃可求、乃可用。

[【评述】]

只要善于揣度人之权谋和考量人之才能，就能吸引远近人才为我所用。为统帅者，要造成一种声势，制定事业目标，这是网罗人才的前提。在"立势而制事"的前提下，考察此人与哪些人意见相同，与哪些人意见不一；考察此人对是与非的判断；考察此人对内对外的言辞有什么差别。通过这些可以得知此人的虚实有无。可以令此人决定事关安危的计谋，考察其设谋决断的能力；还可以问此人与谁亲近、与谁疏远，考察其处理人事关系的能力。最后，把以上情况综合起来加以衡量，就可

对此人的综合素质进行大致的判断。最值得重视的，是那些具有"可塑性"的人才。对于可塑之才，可以征召，可以聘请，可以使用。

为统帅者，必须得到人才的辅佐，才可能成就大业。要得人才，首先要识人才，这就需要有鉴人之术，正如鬼谷子所言，"凡度权量能，所以征远来近"。为统帅者若不能鉴人识人，即便是身边人才济济，也会视而不见。

春秋时期，楚国人卞和为国献宝玉，楚厉王与楚武王有眼无珠，卞和一献失左足，再献失右足。幸好贤明的楚文王即位后，主动召卞和进宫，并慧眼识玉，这块宝玉才没有被埋没。楚文王为表彰卞和几次冒死献宝，就将这块宝玉命名为"和氏璧"。

真正有才能潜质的人，往往就像那块"和氏璧"一样，一眼看上去平淡无奇，只有通过有识之士的发现、举荐和精心培养，才能展现出真正的才华和价值。

春秋的时候，晋国有个大夫叫祁黄羊，很善于举荐人才。有一天，晋王问他："你觉得谁适合做南阳县令？"他说："解狐。"晋王奇怪地问："解狐不是你的仇人么？"他说："我只推荐合适的人，不管他是不是我的仇人。"解狐上任以后，非常称职，百姓们都很满意。后来，晋王又问他："谁做京城的尉官合适呢？"他说："祁午。"晋王又问："祁午不是你的儿子么？"他还是说："我只推荐合适的人，不管他是不是我的儿子。"祁午上任后，果然也很称职。

孔子知道这件事后，称赞他说："祁黄羊推荐人只看才能，不论亲仇，说出的话经得起事实的考验，真是个诚实可信、大公无私的人啊！"人们常说"千里马常有，而伯乐不常有"，说明伯乐难找也难当。如果祁黄羊不从社稷利益出发，他就很难做到唯才是举了。因此，当好伯乐，必须先做品德高尚的人。

人才问题是关系到国家兴衰之大事，墨子云："国有贤良之士众，则国家之治厚。贤良之士寡，则国家之治薄。"可见人才的重要性。人才是一种资源，更是一种财富。

古代杰出的政治家大都是善于用人的高手，唐太宗李世民就深谙此道。唐太宗认为"致安之本，惟在得人"，所以他很重视选官用人。他求贤若渴，为了改善吏治，争取各地主集团的支持，他选拔任用了许多有才能的人担任中央要职。这些人出身不同，代表了各种地主势力，有原秦王府的臣僚，有追随李建成反对他的政敌，有关中军事贵族和南北士族，也有出身低微的寒门人士。由于唐太宗在一定程度上能够"拔人物不私于党"，以才取人，甚至破格用人，所以贞观时期人才济济，出现了一批对国家治理有杰出贡献的著名将相，如房玄龄、杜如晦、魏徵、李靖、李勣等。这些谋臣猛将为李唐王朝发挥了自己的聪明才智，保证了唐朝的政治稳定和各种政策的施行。这与"贞观之治"局面的形成是密切相关的。

晚清的曾国藩统率湘军，战功卓越。他之所以取得令人瞩目的成功，最重要的便是对人才的重视。曾国藩认为"国家之强，以得人为强"，并说："善于审视国运的人，观贤者在位，则卜其将兴；见冗员浮杂，则知其将替。"他将人才问题提到了关系国家兴衰的高度，把选拔、培养人才作为挽救晚清王朝统治危机的重要措施。像李鸿章、左宗棠、李善兰、华蘅芳、徐寿等许多影响近代中国历史的人物都是得到曾国藩的提拔和赏识而得以发挥才能的。

历史上，有过很多用人不当导致事业失败的教训。如北宋杰出的政治家王安石，在宋神宗的支持下开始变法。一场轰轰烈烈的变法运动，最终却归于失败。失败的原因，除了深刻的社会、政治原因

67

外，与王安石本身也有很大的关系。王安石自身很有才华，但过于自信，甚至到了自大的地步。他识人不准，在实施变法的用人方面多有失误。当时，由于得不到朝中重臣的支持，王安石只好找那些急于上进的新人，且把他们都想象成像他一样为国分忧、为民请命的清官。然而，这些人不仅缺乏实际操作经验，而且都把变法作为进身之阶，参与变法动机不纯。王安石的重要支持者与助手，如吕惠卿、章敦、曾布、蔡卞、吕嘉向、蔡京、李定、邓绾等，都属于人品不正者，甚至大多数后来都进了《宋史》的奸臣传中。用一些人品不好、怀有私心的人进行变法，再好的设想也是得不到正确实施的。

人们都知道"滥竽充数"这个典故。南郭先生滥竽充数的伎俩之所以能够得逞，其最大的责任不在南郭，而在齐宣王。身为一国之君的齐宣王被南郭的花言巧语所蒙骗，犯了失察的过错。还好南郭先生只是一个在乐队里混饭吃的市井无赖，要是在一个集体里面，所谓的"人才"都像南郭这样，其后果将不堪设想。

无论一个国家还是一个企业，若要取得进步和发展，都要善于发掘和运用各种人才。作为领导者、统帅，要想取得成功，都必须善于发现人才，网罗人才，礼待人才，并且大胆使用，因才授职，尽其所长。如果不善用才，即使人才多如过江之鲫，对国家和企业也是起不到作用的。

第二节　吸引人才为我所用

‖【原典】‖

引钩箝之辞，飞而箝之。钩箝之语，其说辞也，乍同乍异。

‖【评述】‖

先用话诱使人才说出实情，然后通过褒扬赢得其心，以此来箝住对方。钩箝之语是一种游说辞令，如何使用应根据谈话情况而定，或同或异，没有什么死规矩。

通过鉴人之术锁定人才之后，怎样吸引人才为我所用呢？只知鉴才而不能用，岂不成了叶公好龙了吗？在这里，鬼谷子提出了"飞而箝之"的办法，即首先要了解对方，其次要以褒扬的方式俘获其心。

商朝末年，周文王为了实现灭商兴周的大计，四处网罗人才。由于他的礼贤下士，许多才俊之士纷纷前来投奔。但文王还是不满足于已有的人才储备，仍然四处搜寻。一次文王将出外狩猎，占卜得到："捕获的不是龙、不是虎，也不是罴，而是独霸天下的辅臣。"于是，周文王西出狩猎，果然遇吕尚于小溪之上。

两人谈论之后，文王大喜，说："我的祖先曾经预言说：'将来会有圣人到达周邦，帮助周国振兴。'难道说的就是您吗？

69

我的祖先太公盼望您已经很久了。"于是称姜尚为"太公望",立为周之国师。姜尚也不负众望,辅佐文王,一面加紧生产,一面训练兵马,先后灭掉了密、黎、崇等助纣为虐的诸侯国家,使周的疆界大为扩展,为灭商奠定了坚实的基础。作为一个心有大志之人,能够做到屈己求贤,那么天下贤能的人就会云集响应,一齐到他的麾下,为他的事业出谋划策。战国时,群雄争霸。燕国因为内乱和齐国的侵略,国力衰败。燕昭王继位以后,想重振国威,可是手下无人。一天,他去拜见贤士郭隗,诚恳地说:"我想招纳贤士,却不知道先去请谁才好,请先生教我!"郭隗说:"我给大王讲个'千金买马骨'的故事。从前,楚王很想得到一匹千里马,不惜拿出一千镒金子来买马,但三年过去仍一无所获。楚王又派一位侍臣到民间四处访寻。一天,侍臣得知一个人家里有匹千里马,高兴极了,哪料他急匆匆赶去的时候,那匹千里马已经死了。侍臣就拿出五百镒金子,买下了这匹千里马的尸骨,带回去见楚王。楚王看到死马,非常生气,说:'我要的是活的千里马,你买匹死马有什么用!'侍臣说:'大王息怒,您付五百镒金子买一匹死马,天下人知道了,还怕没人把千里马送上门来?'果然,不到一年,楚王先后得到三匹千里马。如今,大王希望招致天下贤才,就请把我当做'死马'吧,那些比我更贤能的人听到这个消息,肯定会来投奔您的!"

燕昭王大喜,立刻拜郭隗为老师,为他造了一幢华丽的住宅。消息一传开,乐毅、邹衍、剧辛等有才能的人,纷纷来到燕国。燕昭王对他们都委以重任。在群贤的辅佐下，燕昭王经过28年的励精图治，燕国日益富强。后来，乐毅指挥燕国军队，将强大的齐军打得一败涂地，报了当年的破国之耻。

历史上敬重人才的例子还有很多。春秋时，齐桓公不计前嫌，任用管仲为相，成就春秋霸业；三国时，曹操听说许攸来访，喜出望外，连鞋子穿反了都不知道，从而在许攸的帮助下赢得了著名的官渡之战；刘备"三顾茅庐"，终于请得诸葛亮出山，为他创下了三分天下的霸业；而唐太宗李世民的礼贤下士更胜人一筹，他居然四次下诏，请出身贫寒的马周出来做官。只有热情、诚恳地对待人才，才能赢得有识之士的诚心相助，成就大业。

《世说新语》中记载了一个故事，说一个叫顾荣的高官在洛阳，一次应邀赴宴，发觉端烤肉的人露出很想吃烤肉的神态，就把自己那一份让给了他。同席的人都讥笑顾荣，顾荣说："哪有成天端着烤肉，却不知道烤肉滋味的道理？"后来顾荣遇上战乱，过江避难，路上每逢遇到危难，总有一个人在身边保护。一问缘由，原来就是受赠烤肉的那个人。

风平浪静的时候，聚集在身边的人不一定是真正的知己，可能事到临头，这些人就做鸟兽散了。但在危难之时能不离不弃，携手共度难关的人却一定是真正值得珍惜的朋友。所谓"疾风知劲草，日久见人心"，说的就是这个意思。李元度被曾国藩称为"患难与共"的人，他早期与曾国藩的关系十分密切。曾国藩兵败靖港的时候，曾数次愤而自杀未遂。当时，在他身边"宛转护持，入则欢愉相对，出则雪涕鸣愤"的人就是李元度。后湘军在九江水域大败，损失惨重，曾国藩"愤极，欲策马赴敌而死"，被劝止。在此困难之时，李元度投笔从戎，"护卫水师，保全根本"。在咸丰六年的时候，湘军周凤山的军队在江西樟树镇被太平军击溃，曾国藩部下再无得力陆军，完全依仗李元度率领的平江勇"力撑绝续之交，以待楚援之至"。

在曾国藩困守江西那段最为艰难困苦的岁月里，李元度始终不离不弃、倾力辅助，最终帮助他走出了艰难的时期，为以后的东山再起赢得了宝贵的机会。

把人才当作朋友、知己一般对待，使其怀有知遇之感，自然不难赢得人才之心，从而为自己的事业加上一枚重重的砝码，这是古今中外无数成功者的成功秘诀。

72

第三节 驾驭人才的方法

【原典】

其不可善者：或先征之，而后重累；或先重以累，而后毁之；或以重累为毁；或以毁为重累。其用或称财货、琦玮、珠玉、璧帛、采邑以事之，或量能立势以钩之，或伺候见涧而箝之，其事用抵巇。

【评述】

对于那些暂时没法笼络的人才，可先把此人征召来，与之联络感情，以便感化之。感化他之后，可激发该人才充分发挥其能量。在助其发挥能量的过程中，再进一步联络感情。联络感情的方式因人而异，有的可赏赐财物、琦玮、珠宝、白璧和封地笼络他，有的可为展露其才能而创造气氛吸引他，有的可通过观察矛盾的迹象来控制对方，在此过程中要运用抵巇之术。

在这里，鬼谷子对如何结交、笼络人才给出了自己的建议，除了利用财物、珠宝、封地等物质进行引诱外，他特别强调的是与人才联络感情、激发人才发挥能量等非物质的方法，这些在今天看来仍然颇具借鉴意义。

欲成大业，人才的重要性是不言而喻的。能收揽人才，并且能驾驭驱使之，那么，就有可能成就大业。若无人才相助，或有人才而不能用者，最后必然成不了大事。汉高祖刘邦在未起事之前不过是一地方小吏，在后人看来甚至还有些好吃懒做、不务正业之嫌。但最后能成为大汉帝国的开国皇帝，非他有不世之才，而是因为他有张良、萧何、韩信等一群栋梁之材的辅助。当然，有栋梁之材相助，自己还要知人善任并驾驭之，如此才能成就大业。韩信、陈平、黥布等人都曾是项羽的部下，归附刘邦之后，都被重用。

　　以张良、萧何、韩信等人之才，又为何甘愿受刘邦驱使？刘邦必然有其过人之处，照韩信的说法是他"善将将"。从刘邦封韩信、彭越的举动中，我们就能领略刘邦"善将将"的本领。

　　秦亡后，刘邦和项羽争夺天下。刘邦逐渐由劣势转为优势，于是领兵追击楚军，在阳夏南安营扎寨，派人与大将韩信、彭越约定日期会师。可是到了约定日期，韩信、彭越的军队并没有开来。刘邦孤军深入，被楚军击败，只好退却下来，坚守壁垒。刘邦又急又怒，于是请来张良求教对策。张良分析了当时的形势，说："现在楚军眼看就要完了，可韩信和彭越还没有得到封地。两人功勋卓著，本应封王，现在您若允诺灭楚后给韩信、彭越封王，他们必定前来助战。这样，几路大军联合，消灭楚军就易如反掌了。"刘邦依计而行。韩信、彭越

很快出兵，几路大军会师在垓下，韩信用十面埋伏消灭了项羽的残部，逼得项羽自杀。刘邦终于登上了皇帝的宝座。刘邦善于审时度势，从谏如流，这是明君必备的素质，也是人才甘愿为其效力的原因。

网罗天下之士，还必须使其尽展所长。曾国藩对人才的广泛搜罗和耐心陶铸，是他能够成功的一个重要原因。由于曾国藩在人才的选拔、培养、使用上有一套行之有效的办法，因此他的幕府人才"盛极一时"。据说，每有赴军营投效者，曾国藩先发给少量薪资以安其心，然后亲自接见，一一观察，有胆气血性者令其领兵打仗，胆小谨慎者令其筹办粮饷，文学优长者办理文案，讲习性理者采访忠义，学问渊博者校勘书籍。在幕中经过较长时间的观察使用，感到了解较深、确有把握时，再根据具体情况，保以官职，委以重任。多年来，幕僚们为曾国藩出谋划策、筹办粮饷、办理文案、处理军务、兴办军工科技，真是出尽了力，效尽了劳。可以说，曾国藩每走一步，每做一事，都离不开幕僚的支持和帮助。

人们讲究"滴水之恩，涌泉相报"，于是就有了"生当陨首，死当结草""士为知己者死""风萧萧兮易水寒，壮士一去兮不复返""壮士死知己，提剑出燕京"等等说法，这无一不是"感情效应"的结果。君主善用恩情来维系与臣下的关系，这也是历史上的常见现象。

刘备与诸葛亮，可以说是君恩臣忠的典型例子。诸葛亮感激刘备三顾茅庐的知遇之恩，出山后尽心竭力辅佐刘备，深得刘备的信任。刘备临终前，曾将自己的儿子刘禅托付给他，请他帮助刘禅治理天下，并且诚恳地表示："你能辅佐他就辅佐他，如果他不好好听你的话，干出危害国家的事来，你就取而代之。"刘备死后，诸葛亮殚精竭虑，帮助后主刘禅治理国家。曾经有人劝他进爵称王，被他严词拒绝，他说："我受先帝委托，已经担任了这么高的官职；如今讨伐曹魏没见什么成效，却要加官进爵，这样做不是不仁不义吗？"诸葛亮六出祁山，北伐中原，最终积劳成疾，病死在五丈原。诸葛亮的一生，可以说是为蜀汉"鞠躬尽瘁，死而后已"，固然是他具有匡扶乱世之志，而刘备的善施恩德，在其中也发挥了很重要的作用。

所以说，感情投资是做大事的人必须掌握的一种手段。在古代，这当中虽然不乏统治者收买人心的把戏，但它也包含着管理上的一些基本原则。因为只有让人们切实感受到获益，人们才会真心拥护你，并发自内心地跟随你创业图强。总之，要想留住人才，就一定要好好经营你的感情投资。

春秋时期，楚庄王曾在宫中设宴招待大臣们，他让王妃许姬轮流替大臣们斟酒助兴。忽然，一阵大风吹灭了蜡烛，宫中立刻漆黑一片。黑暗中，有人扯住许姬的衣袖，想要亲近她。许姬拔下那人的帽缨，挣脱开来，然后把帽缨交给庄王，请求他重惩那个无礼的人。庄王说："酒后失礼，这是常有的事，我不能为这事辱没我的将士。"说完，庄王请大家都把帽缨拔掉，然后命人点亮蜡烛，继续畅饮。后来，楚王领兵和晋国打仗，楚王战败，有一位将官冒死相救。庄王回朝后召见那位将官，那位将官跪在庄王面前，含着泪说："大王，我就是当年被王妃拔掉帽缨的罪人啊！"庄王亲自把他扶起，重赏了他。

假使当初，楚王不肯宽宏大量，将军早已被杀，那么危难时，他自己也无路可走了。这就是"能容物者，物乃能容"的道理，是每一个领导者所应该效仿的。

在现代社会中，这种做法仍然很有市场。以现代企业管理为例，聪明的管理者在工作生活之中，会主动给下属以恩惠，让下属有"大树底下好乘凉"的感觉，让他们既感觉到温馨，又感受到安全。这样富有人情味的上司必能获得下属的衷心拥戴。"世界上没有无缘无故的爱"，只有和下属搞好关系，赢得下属的拥戴，才能调动起下属的积极性，促使他们努力地工作，为事业的发展尽心尽力。

第六章

忤合篇

—— 知己知彼，灵活应变力求主动

忤合，本意指违背一方的意愿，而合于另一方的意愿。"忤合"的实质是"以忤求合"，指在处事、论辩或游说中，要准确判定形势，灵活决定自己的立场，以求实现自己的目标。鬼谷子认为，万物皆在变化中，变化才有发展，正所谓"世无常贵，事无常师"。因此，做人办事要灵活应变，以发展为终极目标，而不拘泥于固有的观念。施用"忤合"之术，首先要认清自己的前途，知道该联合谁，反对谁，同时有针对性地研究具体事物，做到"知己知彼"，这样才能进退自如，游刃有余，将主动权牢牢握在自己的手上。

第一节　慎重考虑站在哪边

【原典】

　　凡趋合倍反，计有适合。化转环属，各有形势。反覆相求，因事为制。

【评述】

　　无论是联合还是对抗的行动，均要有合宜的计谋。所向与所背的双方，就像圆环一样旋转而无中断，各有自己的形势。对于各方的具体情况，应反复进行研究。根据事态的发展，决定自己的态度。

　　在纷繁复杂的社会生活中，当彼此对立的各方都邀请自己加入的时候，应该接近谁？远离谁？弄清这一点是很重要的。鬼谷子给出的答案是"因事为制"，也就是根据事态的发展来决定。

　　一则寓言里说，有一天，狼的使者来到羊群里，许诺说："如果你们把守护你们的狗抓住杀了，我们以后就不再吃你们了，让你们过上安稳的日子。"那些愚蠢的羊答应了狼的要求。这时，有只年老的公羊站出来说："我们怎么能相信你们，并同你们共同生活呢？有狗保护我们的时候，你们还闹得我们不能安心地吃顿饭呢。"

聪明人不会轻信敌人的诺言，而放弃自己的安全保障。相信敌人的诺言无疑是愚蠢的，而选择自己盟友的时候，则一定要睁大眼睛。

春秋时期，鲁国是一个弱小的国家，经常受到其他大国的威胁。鲁国国君为了巩固统治，想和晋、楚国这两个大国结交，就准备把自己的几个儿子派到晋、楚两国去，名义上是当官，其实是当作人质。鲁国大夫犁鉏不同意这样做，他对鲁君说："大王，如果您的儿子落水了，您到越国去求人救他，越国的人虽然善于游泳，但也救不活您的儿子；如果鲁国失火了，您到海里去取水，海水虽多，也不能及时扑灭大火，这是因为远水难救近火啊！现在晋国和楚国虽然强大，但距离鲁国很远。离我们最近的大国是齐国，如果让公子去齐国，我们和齐国结交，当鲁国有难时，齐国能不来相救吗？"鲁君认为他说得很有道理。

鲁国国君舍近而求远，准备结交一些根本帮不上忙的盟友，这种做法违背了常理，显然是错误的。但是他联合大国，寻求安全保障的做法是正确的。有时候，当我们面临共同的威胁时，单打独斗是很难有胜算的，此时应该建立一个统一的战线，团结一切可以团结的力量以克服困难。古语云："人心齐，泰山移。"只要有足够的力量联合，即使是泰山挡道，也可以将它移开。

历史上许多有远见的政治家都因做到了这一点，而改变了敌我力量的对比，使自己走出了困境。比如三国时期，蜀军败于夷陵，被吴国陆逊火烧七百里连营，损兵折将，导致刘备悲愧交加，病死于白帝城。此时，蜀国内部政权不稳，外部魏国大兵压境。其危急情形，正如诸葛亮在《出师表》中所说："先帝创业未半，而中道崩殂；今天下三分，益州疲敝，此诚危急存亡之秋也。"在这国难当头之时,诸葛亮没有盲目决定向东吴复仇,而是首先考虑建立统一战线,恢复与东吴的联盟关系。由于统一战线的建立,进攻蜀国的曹真大军被吴将徐盛打得大败,而诸葛亮再无后顾之忧,得以放手南征,七擒孟获,北伐中原,六出祁山,取得了一系列的胜利,为蜀国又赢得了几十年的生存空间。

在政治和军事斗争中,当对立的双方势均力敌、难分高下的时候,第三方的态度就显得非常关键了。当第三方加入某一方以后,就会迅速促成另一方的失败。历史上有不少这样的例子。

明朝末年,李自成率农民军攻占北京,崇祯帝自缢于煤山,明朝灭亡了。李自成为了招降驻守山海关的辽东总兵吴三桂,派降将唐通带着5万两白银和吴三桂父亲的书信,前去游说吴三桂。吴三桂原本打算归顺闯王,但又得知李闯王政权镇压明朝权贵,自己的父亲被追赃拷打,家产全被查抄,连他最宠爱的小妾陈圆圆也被掳走了,他一气之下,杀了李闯王的使者,给清朝的睿亲王多尔衮写信,请求他发兵,征讨李自成。清军早就想进关,统治整个中原。所以,多尔衮立刻率清兵进入山海关。李自成得知吴三桂不肯投降,就亲率大军,和吴三桂大军在山海关附近决战。2万清军骑兵从右边突袭农民军,农民军大败。后来,清军彻底打垮了李自成,进入北京,顺治皇帝登位,统一了中国。

站在一起的盟友,并非各方面都完全一致,因此必须异中求同。这需要有人积极主动,才可以很快地找到共同点,来解决共同面对的问题。如果双方或多方都自顾矜持,不去主动解决问题,寻找共同点,只是盯着别人与自己不同的地方,那无论到什么时候,都不可能找到彼此的共同点。

在现代商业领域,一个企业要发展、壮大,也必须善于选择最佳的盟友。比如,现代电气高科技的迅速发展,对电气材

82

料不断提出新的要求，大量的新材料应运而生。制造节能变压器铁芯的新型低铁矽钢片就是其中一种。一开始，美国电气行业执牛耳的美国通用电气公司和西屋电气公司，以及实力不很强的阿姆卡公司都在研制新型低铁矽钢片，而竞争的结果却是阿姆卡公司拔了头筹。阿姆卡公司十分重视信息情报工作。在研制矽钢片的过程中，发现"通用"和"西屋"也在从事同类产品的研制。远在地球另一端的日本钢厂也有此意，而且准备采用最先进的激光囊处理技术。阿姆卡公司分析形势后认为，以自己的实力继续独立研制，很可能落在"通用""西屋"之后，风险极大。若要走合作研制之路，就必须选择合作者。与"通用""西屋"联手，未必有利于加快研制过程，而且将来只能与之分享美国市场，同时还得考虑崛起的日本钢厂。而与日本钢厂并肩合作，因为有特殊的技术，研制过程自然会加快，将来的市场之大不可限量。阿姆卡公司选择了日本钢厂为合作者，结果比预定计划提前半年研制成功，战胜了"通用""西屋"两大强劲对手。

同样，在现代商业社会中，凭个人的单打独斗，很难取得事业上的飞跃。学会与人合作，则显得至为关键。那么，该怎样选择合作者呢？借用一句名言来说：我们没有永远的朋友，也没有永远的敌人——凡事要根据形势来判断，这也是鬼谷子思想的精髓。

第二节 借力但不要攀附

【原典】

世无常贵，事无常师。圣人无常与无不与，无所听无不听。成于事而合于计谋，与之为主。合于彼而离于此，计谋不两忠，必有反忤。反于此，忤于彼；忤于此，反于彼。

【评述】

世上没有永恒显贵的事物，事物没有永恒效法的榜样，圣人做事总是顺乎客观规律，所以无所不为；圣人所听的都是客观真理，所以无所不听。做好要做的事，重要的是不违背定下的策略。如果计谋合于彼方的利益，则一定会背离此方的利益。不可能同时效忠于对立的双方，必然有合有忤。合乎此方的意愿，就要违背彼方的意愿；违背彼方的意愿，才可能合乎此方的意愿。这就是"忤合"之术。

鬼谷子所说的"忤合之道"，绝不是风吹两边倒式的"骑墙"，而是有原则、有立场的行为。

有一个流传很广的寓言，说在一片茂密的大森林里，住着许多动物，其中有鸟有兽。有一天，鸟类和兽类因为一个误会，打起架来。刚开始，鸟类占了上风。蝙蝠急忙飞过来，对鸟儿们说："你们看，我有一双翅膀，所以我是鸟。"于是站到了鸟类这一边。可没过多久，兽类又占了上风。蝙蝠一看，又急忙从鸟类的队伍里跳了出来，对野兽们说："你们瞧，我有牙齿，所以我是真正的兽啊。"说完又加入了兽类的队伍。后来，鸟类和兽类消除了误会，大家和睦相处。蝙蝠不知该站在哪一方好了。这时大家都看清了蝙蝠两面派的嘴脸，明白了它的欺诈行为。于是，鸟类和兽类都裁定蝙蝠有罪，把它赶出阳光之外。从此以后，蝙蝠总躲藏在黑暗中，不敢露面，到晚上才独自出来。

那些善于变化嘴脸的"人中蝙蝠"，最终也不会有好下场。在历史上，就有很多因两面三刀而落得悲惨结局的例子。战国末期，七雄并立。秦国兵力最强，但齐、楚结盟，秦国无法取胜。秦相张仪带着厚礼拜见楚怀王，说秦国愿意把商於之地六百里送与楚国，只要楚能绝齐之盟。怀王一听，觉得有利可图，于是不顾大臣的反对，痛快地答应了。后来，怀王派人到齐国，大骂齐王，于是齐国绝楚和秦。这时，怀王派使者找到张仪，说起送商於之地一事。张仪却不认账了，只说当初答应的是自己在商於的封地六里。楚怀王大怒，发兵攻秦。在秦、齐两国的夹击之下，楚军大败，秦军尽取楚汉中之地六百里。后来，楚怀王又轻信秦国的话，入秦结盟被扣，终于客死秦国。

联齐抗秦，是楚国能够自保的有效方式，可楚怀王贪慕纵横家张仪允诺的六百里土地，与齐绝交，后又怒而出兵，大败而归，反而丢了六百里土地，在历史上传为笑柄。楚怀王的悲剧，就在于他的立场不坚定，一味被秦所骗。

有时候，若自己的力量柔弱，做不了大事，就应暂时依附于人，借此权宜之时好好培养自己的能力，相机而动。

清朝的康熙皇帝就深明此理，在自己势力柔弱没有把握的时候，就只是装作懵懂顽童，任由鳌拜把持朝政，处理国家大事。待自己能力达到了且时机成熟了，就一举消灭了鳌拜，夺回了政权。反之，如果康熙一开始就向鳌拜要权，恐怕早就身遭不测了！

在现代商业领域，企业与企业之间的联合也是司空见惯的事情，但并不是所有的联合都有好的结果。即使是好的联合，也不是所有的联合方都能获益。只有那些目标坚定、不丧失立场的企业，才能从联合中获得实实在在的利益。

第二次世界大战结束以后，美国在西方世界市场上处于绝对的主导地位，各国的产品要进军世界市场，首先都要在美国市场"打响"。但是，要在美国市场上出人头地，实在是难上加难。1955年，日本的佳能公司在美国成立了分公司。它与美国一家富有销售经验的贝尔·哈威尔公司合作，以"贝哈·佳能"的商标，把照相机推向美国市场。几年以后，佳能又将其首创的自动电子曝光照相机投放美国市场，在喜新厌旧的消费者中大出风头。佳能则利用这一契机和贝尔·哈威尔公司脱钩，正式以"佳能"的名牌商标，在美国市场上独领风骚。到90年代初，佳能公司年产相机数百万架，约占全日本产量的三分之一，且绝大部分行销世界各地。可见，在当今错综复杂的商战中，智高一筹的经营者，由于善于有目标性地联合，常可收到"与人分利己得利"的效果。

我国民办企业奥康温州鞋进军国际市场，也走了一条与佳能类似的道路。2003年2月，奥康做出了一个重大的决定——与意大利第一品牌GEOX合作。当时国内制鞋业一片哗然，都认为奥康此举是引狼入室，搞不好要被吃掉。协议签订后，GEOX把奥康作为自己的生产基地，使GEOX的造价更加低廉，而奥康则借用GEOX在世界68个国家的销售网络，迅速走向了世界。实践证明，奥康不但没有被GEOX吃掉，反而越战越

86

勇，至今已在世界上很多国家建立了自己的分公司，还在温州、广州及意大利米兰设立了三个鞋样设计中心，每年开发出 3000 多个新品种。

可以说，没有当初的合作，就没有奥康的国际化之路。奥康公司通过借用别人现成的技术和销售网络，实现了自己的国际化目标，这是利用有效联合取得成功的绝佳例子。

在现实生活中，我们要想把事情办好，有时难免要借助他人之力，但不能过度依赖，正所谓"世无常贵，事无常师"。所以，自己的路，还是要由自己的脚一步步走出来。

第三节　选好路坚持走下去

‖【原典】‖

　　古之善背向者，乃协四海、包诸侯，忤合之地而化转之，然后求合。故伊尹五就汤、五就桀，而不能所明，然后合于汤。吕尚三就文王、三入殷，而不能有所明，然后合于文王。此知天命之箝，故归之不疑也。

‖【评述】‖

　　古代善于处理向背关系的人，总是能够横行天下，包容诸侯。用忤合之术考察天时地利的向背，促成其转化，最后选定圣贤君主与之联合。因此，夏朝末年，伊尹曾五次接触商汤，五次接触夏桀，最后决定背桀向汤，助其灭夏建商。商朝末年，吕尚三次接触周文王，三次接触商纣王，其立场仍未显露于世，最后才决定臣服于周文王，助其灭商建周。这些古圣人就是看清了天命所归之后，才做出向谁背谁的决断，最终归顺明主没有犹疑。

　　辅佐商汤灭夏兴商的伊尹和辅佐文王、武王灭商兴周的吕尚，都是为古人所称道的贤人，鬼谷子称他们为"善背向者"，因为他们一旦选中了得天意民心的明君，就毫不犹豫地为之效忠。同样，我们在选好了正确的道路之后，也应该坚持走下去，

88

不可犹豫彷徨，更不可半途而废。

有这样一个故事：一个石油勘探者，来到天堂门口，天使圣彼得对他说："你有资格住进来，但为石油职员保留的大院已经满了，没办法让你进去。"这位勘探者想了一下后，请求对大院里的居住者说句话。圣彼得同意了他的请求。

于是这位勘探者扯开嗓门喊道："在地狱里发现石油了！"天堂的门很快打开了，里面的石油职员蜂拥而出。天使非常吃惊，请这位勘探者进入天堂并要他好好照顾自己，但勘探者此时却迟疑了，说道："不，我认为我应跟着那些人，这个谣言里可能会有一些真实的东西。"

故事中的勘探者无疑是聪慧的，他利用人的顽固保守的心理，把他们都赶到了地狱。但他没有坚持走自己的路，最后没有进入天堂，反而去了地狱。

哲人说过，"走自己的路，让别人去说吧！"可是，能坚持走自己的路的人，恐怕也只是少数。而坚持走自己的路，是一个人获得成功的前提。翻开任何一位成功人士的传记，能得到的最大的感触就是：他们走了自己的路！

巴菲特1996年被美国的《财富杂志》评定为美国第二大富翁，被公认为股票投资之神。他目前为止已拥有数百亿美元的资产。11岁时，巴菲特开始投资第一只股票，他把自己和姐姐的一点儿零用钱攒起来，都投入了股市。一开始总是赔钱，他

90

的姐姐骂他，而他坚持要放三四年才会赚钱。结果姐姐把股票都卖掉了，而他继续持有，最后他的想法得到了验证，小赚了一笔。几年之后，巴菲特在哥伦比亚大学就读，跟他年龄相仿的年轻人只会玩乐，但他却大啃金融学的书籍，继续进行股票投资，最终他的钱越赚越多，积累了一定的创业资本。1954年，巴菲特集资并投资创办了顾问公司。该公司资产增值30多倍以后，他解散公司，退还了合伙人的钱，把精力集中在自己的投资上。如今，巴菲特成为美国真正的金融大亨。巴菲特之所以获得成功，与他六十年如一日坚持走自己的道路是分不开的。

　　很多成功人士在成功之前，都会精心设计自己的人生，在发现自己真正想要做的事情之前，不会贪图享受，他们会不断地进行选择，直到达到目的。美国商人布拉文就是这类人。布拉文的父亲在洛杉矶经营一所大型的会计师事务所。布拉文在大学学的是会计学，毕业后进入了他父亲的事务所工作。当时周围人都认为他会顺其自然地继承父亲的公司，继续经营会计师事务所，但是，他觉得事务所的工作不适合自己，最后辞职了。在37岁那年，他开始经商，经营体育用品的生意，经过十几年的努力，终于跻身超级富豪的行列。

　　布拉文可以选择两条道路，一条是父亲指定的路，另一条是自己选择的路。和所有具有成功潜质的人一样，布拉文毫不犹豫地选择了后者。而且，几乎所有的成功者在追求成功的路途中，都曾面对种种逆境、重重困难，他们从未放弃过。生活中总是有许多人抱怨自己没本事，没钱没技术，没这没那，从而消极平庸。其实每个人都有成功的潜质。俗话说得好"天生我材必有用"，只要你坚持走自己的路，积极进取，就一定能成功。

推销奇才韦尔奇从小就患口吃症，他当过球童，报童，卖过鞋；洛克菲勒小时候食不果腹，衣不蔽体，18岁时，仅以1000美元开始创业；松下幸之助不满10岁便背井离乡去当学徒，一生体弱多病，刚开始创立松下电器时，仅有3名员工和不到100元的创业资本。这样的例子，不胜枚举。

世界上没有任何一个成功人士是一帆风顺的，都经历过失败和挫折。只有选择好正确的道路，一直走下去，才有成功的希望。

第七章

揣篇

——直指人心，谋事便有十成胜算

　　"揣"即揣度，指的是忖度人情、事理，权衡事物的利弊、得失，从中发现隐藏的真相。鬼谷子认为，要施大政于天下，必须善于"量天下之权，而揣诸侯之情"，即要全面衡量一个国家的国情，据此决定自己的施政方案。即使是圣人，倘若不知"揣"的道理，也必将一事无成。因此，"揣"是一切计谋的基础，也是论辩和游说的根本方法。在现代商业活动中，我方为了达到某一目标，也必须预先准确判断对方的心理，由表及里地发掘其内心的东西，为说服对方做好充分的准备。

第一节　善于寻找突破口

【原典】

揣情者，必以其甚喜之时，往而极其欲也，其有欲也，不能隐其情；必以其甚惧之时，往而极其恶也，其有恶也，不能隐其情：情欲必出其变。感动而不知其变者，乃且错其人，勿与语而更问所亲，知其所安。夫情变于内者，形见于外。故常必以其见者，而知其隐者，此所以谓测深揣情。

【评述】

擅长揣情的谋士，会抓住人"甚喜""甚惧"这两个时机。在对方甚为喜悦之时前去游说，并设法使其欲望极度膨胀，只要对方表现出欲望，便无法隐匿内心所想，定会显露真情。在

95

对方甚为戒惧之时前去游说，并设法使其对某人某事的厌恶达到极点，只要对方表现出厌恶，便也不会隐瞒真情。对方不能控制情绪的时候，一定可以了解其思想动态。如果对方内心有所触动，却不显露于外，说明此人非常深沉。此时，不妨暂且抛开他本人，不要与他当面交谈，而向他所亲近的人调查，从中了解此人的内心。一般而言，当人的情绪发生波动时，自然会表现于外。因此，不时地察言观色，可判断其内心所想。这就是所谓的"测深揣情"。

鬼谷子是见缝插针的行家，他强调游说要抓住对方"甚喜""甚惧"两个时机，以此作为突破口。同样，我们在做事时，也要事先寻找突破口，使自己获得更快速、更完美的成功。

春秋时期，晋国想吞并邻近的两个小国：虞和虢。这两个国家结成了同盟，一方有难，另一方就会出兵救援。大臣荀息向晋献公献计说："虞公贪得无厌，我们可以投其所好，将良马和美璧送给虞公，以拆散两国的联盟。"献公依计而行。虞公得到良马美璧，万分高兴。这时，晋国声称要去伐虢，要求虞国借道。虞公得了晋国的好处，只得答应。虞国大臣宫子奇再三劝说虞公，说两国唇齿相依，虢国一亡，晋国也不会放过虞国。虞公却说，交一个弱朋友去得罪一个强有力的朋友，那才是傻瓜！晋军借道虞国，很快就灭了虢国。班师回国时，晋军又轻而易举地灭了虞国。

晋国之所以能轻松地灭掉虞、虢两个国家，是因为荀息找到了拆散两国联盟的突破口，即虞公的贪心。等到虞公明白这一点，他早已成为了晋军的阶下囚。

俗话说："打蛇要打七寸。"在古代战争中，聪明的将帅总是能从失利中总结经验教训，找到敌人的弱点，实施毁灭性的打击，一战而胜。明朝末年，后金可汗努尔哈赤率大军进攻宁远，宁远守将袁崇焕身先士卒，奋勇抗敌，用大炮击伤努尔哈赤。努尔哈赤自起兵以来首尝败绩，又身受重伤，羞愧愤懑而死。皇太极继位后，又率师与袁崇焕交手，再次兵败而回。之后经过几年的准备，皇太极再次攻打明朝。他为避开袁崇焕的守地，由内蒙越长城，长驱而入，直逼京师。袁崇焕立即率部入京勤王，日夜兼程，比满兵早三天抵达京城的广渠门外，作好迎敌准备。满兵刚到即遭迎头痛击。皇太极视袁崇焕为生平最大的劲敌，又忌又恨。

为了除掉袁崇焕，皇太极绞尽脑汁，定下借刀杀人之计。他深知崇祯帝猜忌心重，难以容人。于是秘密派人用重金贿赂明廷宦官，向崇祯告密，说袁崇焕已和满洲订下密约，故此满兵才有可能深入内地。崇祯大怒，将袁崇焕下狱问罪，并不顾将士吏民的请求，将袁崇焕残酷杀害。皇太极除掉心腹之患，从此更加肆无忌惮，而明朝至此气数已尽，不久即亡于李自成之手。

97

袁崇焕是我国古代罕见的军事天才，他接连击败努尔哈赤和皇太极，将清军死死地拦截在山海关以外，被视为明王朝最后一道坚固的"长城"。可是，睿智的皇太极却找到了这道长城的突破口，即崇祯皇帝的猜忌心。于是略施小计，就完成了在战场上无法完成的目标，使得崇祯帝自毁长城，加速了明王朝的覆亡。

以上两个例子，胜利的一方都是利用对方主要人物的弱点，以此为突破口，获得了主动权。在现代商业中，若能掌握人性的弱点，也不难打开生意的突破口。

有个商人到小镇去推销鱼缸，尽管鱼缸做工精细，造型精巧，但问津者寥寥。商人尝试了很多促销手段，都没有什么效果。有一天，他突发奇想，跑到花鸟市场以低价买了500尾小金鱼，来到穿镇而过的水渠上游，把这500尾金鱼都投了进去，小渠里有了一尾尾漂亮、活泼的小金鱼，这条消息很快就传遍了小镇！

镇上的人们争先恐后拥到渠边，许多人跳到渠里，小心翼翼地捕捉小金鱼。捕到小金鱼的人，立刻兴高采烈地去买鱼缸，那些还没捕到的人，也纷纷拥上街头抢购鱼缸。大家都兴奋地想："既然渠里有了金鱼，虽然自己今天没捕到，但总有一天会捕到的，那么鱼缸早晚能派上用场。"卖鱼缸的商人把售价抬了又抬，但他的几千个鱼缸还是很快就被人们抢购一空。这个聪明的商人利用人们贪小便宜和爱凑热闹的弱点，要了点小手段，别人就心甘情愿地把钱送上了门。

寻找突破口，多少有点剑走偏锋的意思，说白了就是钻空子。不过，在以正常方式难以奏效的情况下，偶尔钻钻空子，略施小计，就能推动事业的进展，这种本小利大的事情，何乐而不为呢？

第二节　学会科学地预测

【原典】

常有事于人，人莫能先。先事而至，此最难为。故曰"揣情最难守司"。

【评述】

善于运用揣情为人谋事的人，总是让人无法超越。他总是在事情发生之前，就已经预料到了，这种料事如神的境界是最难达到的。所以说，揣情是最难把握的法术。

说一个人预测事情很准，有"神机妙算""料事如神""未

卜先知"等诸多形容词。其实，人毕竟不是神，不可能掐指一算，就能前知五百年、后知五百年。预测，靠的是经验和思维。

有一则寓言，说两头公牛为了争夺一片肥美的草地，发生了争斗。一只青蛙看到后，唉声叹气。它的同伴不解地问："这和你有什么关系，用得着这么发愁吗？"这只青蛙答道："唉！我们就要倒霉了。争斗失败的那只公牛将被迫离开草地，而在荒野上一口草也吃不到。它肯定会来到我们这长满芦苇的沼泽地，把我们踏在脚掌下。最终，我们大伙都将变成肉泥。"这种担心不是没有道理的。

果然，没过多久，被打败的公牛来到沼泽地栖身，蛙群受到了严重的伤害，一会儿就有几十只青蛙被踩死了。

那只"料事如神"的青蛙的推理其实也不复杂，但其他青蛙之所以没有想到，是因为他们没有意识，或者说是对潜在的危险视而不见。有的时候，真理总是简单的。问题是，让人们相信简单的真理，却很困难。

春秋时期，秦穆公决定发兵长途奔袭，攻打郑国。大夫蹇叔认为兴师动众，无法做好保密工作，郑国肯定会作好准备。秦穆公不听，派孟明视等三帅率部出征。在部队出发时，蹇叔痛哭流涕地警告说，恐怕你们这次袭郑不成，反会遭到晋国的埋伏，只有到崤山去给士兵收尸了。果然不出蹇叔所料，秦军袭郑不成，只得回师。部队经过崤山时，晋国早在峡谷中埋伏了重兵。一个炎热的中午，晋军小股部队前来骚扰，孟明视下令追击。追到山隘险要处，晋军突然不见踪影。孟明视见此地山高路窄，草深林密，情知不妙，这时鼓声震天，杀声四起，晋军伏兵蜂拥而出，大败秦军，生擒孟明视等三帅。

蹇叔在秦师未出之前，便料定郑国会做好防范，而且还料定晋军会在崤山设伏，后来果然一一应验。秦穆公作为"春秋五霸"之一，也是一位英明的君主，但这次不听蹇叔之言，不察敌情便轻举妄动，终于遭到惨败。

商场如战场。在商业竞争中叱咤风云的人物，也都不乏料事如神的本领。辛亥革命前，是山西大德通票号最兴盛的时候，但总经理高钰没有得意忘形，而是冷静处事，凡重大决定总是三思而后行。当时，三岁的小儿溥仪被扶上了皇帝宝座，高钰就看出天下将不安的苗头，于是在经营上预作保守主义。稍后，革命党人在南方活动加剧。高钰便觉得事必大变，所以采取了激流勇退的方式，迅速收敛业务。高钰的这一举措，与当时票号界的隆盛局面极不相称，受到世人的讥讽。很快，他的收敛之计刚刚就绪，辛亥革命就爆发了！于是，绝大多数票号由于准备不足，猝不及防，在挤兑风潮的袭击下纷纷关门！而在这些票号遭受灭顶之灾时，大德通票号却有备无患，安然度过了这场金融风暴！

高钰的聪明之处，就在于他知道票号的经营与政局关系极大，一有大的政变，就可能引起灾难性的后果。因此，他密切关注时局的变化，以此为根据决定自己的经营策略，显然这是一种十分明智的做法。

以"石油大王"的名号著称于世的洛克菲勒，当初也是靠着料事如神的绝招，打开了巨大财富的大门。1859年，当美国宾夕法尼亚州出现了第一口油井时，洛克菲勒就看到了这项风险事业的前景。在别人畏缩不前的时候，他凭借非凡的冒险精神与合伙人争购了安德鲁斯—克拉克公司的股权。当他所经营的标准石油公司在激烈的市场竞争中控制了美国出售全部炼制石油的90%时，他并没有就此止步。到19世纪80年代，在利马地区发现了一个大油田，因为含碳量很高，人们称之为"酸油"。当时没有人能找到一种行之有效的方法提炼它，因此只卖一角五分一桶。而洛克菲勒认为这种石油总有一天会找到方法提炼，所以执意要买下这个油田。当时他的建议遭到董事会大部分人的反对，而他却说："我将冒个人风险，自己拿出钱投资这一产品。如果必要，拿出200万或300万。"他的决心终于取得了董事们的同意，实行这一决策。结果，才过了两年时间，洛克菲勒就找到了炼制"酸油"的方法，油价一下子从一角五分涨到一元，标准石油公司在那里建造了全世界最大的炼油厂，盈利猛增到了几亿美元。

可见，说一个人"料事如神"，是因为他的经验和思维均达到了很高的境界，能对事情未来的发展趋势进行相当准确地判断。鬼谷子说："先事而至，此最难为。"这样的人高瞻远瞩，是真正的领袖型人才，也是每一个渴求成功的人效法的对象。

第三节 适当加以文饰

【原典】

言必时其谋虑，故观蜎飞蠕动，无不有利害，可以生事。美生事者，几之势也。此揣情饰言成文章，而后论之也。

【评述】

凡言谈之时，必须根据情况作出判断，推测言说的后果。在自然界，即使是昆虫的飞行与蠕动，无不有利害关系，甚至引发事变。事变源于微末，但势成之后就不可控制。因此揣情者一定要修饰言词，以至做成文章，然后方可与对方论说。

在一个人说话或写文章的时候，表达的义理固然是首要的，但文饰也不可或缺。为了强调文饰的必要性，鬼谷子用了"蚋飞蠕动，无不有利害"的比喻。巧合的是，西方也有一个与此类似的说法，就是著名的"蝴蝶效应"，对该效应最常见的阐述是："一个蝴蝶在巴西轻拍翅膀，可以导致一个月后德克萨斯州的一场龙卷风。"

《论语》记载，有一天，卫国大夫棘子成对孔子的学生子贡说："君子只要有好的本质就够了，为什么还要注意自己的语言呢？"子贡说："您这样说是不对的。俗话说：一言既出，驷马难追，我们说话的时候应该特别注意。就像虎豹的皮和犬羊的皮，它们的区别既在于本质，也在于花纹，如果把这两类兽皮上的毛拔去，那么两者看起来就差不多了。"子贡的意思是说，说话要注意文采和修辞，因为人们对于自己说过的话，是要负起责任来的。棘子成听了连连点头，认为很有道理。

看问题当然首先要看实质，不能只看外表。但在实质的基础上，注意适当合度的修饰，是有益无害的。适当的文饰，有助于发挥积极作用。像墨子那样故意使自己的文章粗朴，显然不适宜。正所谓"言之无文，行而未远"。

《春秋》里有"郑伯克段于鄢"这一篇，讲的是郑庄公和弟弟共叔段相争的故事。庄公先是纵容共叔段做错事，等共叔段正式谋反的时候，庄公就把他赶跑了。《左传》解释时说，由于共叔段违背了做弟弟的本分，所以《春秋》不用"弟"字称呼他；这件事如同两个国君之间争权，所以用"克"字；又由于郑庄公对弟弟有失教诲，所以经文不用郑庄公的谥号，而用"郑伯"，表示对他的批评。这种所谓的"春秋"笔法，虽然在今天被很多人诟病，但也表明古人对待文字的态度是何等的严谨。

一个人内在的品质优秀，如果再加上外在的仪表高雅，秀

104

外慧中，那就更能显示出自己的魅力了。所以孔子说："文质彬彬，然后君子。"外在的文饰和内在的品质，正是文与质的关系。文质双兼，就有"彬彬"之美了。

晋武帝司马炎手下有一名叫满奋的臣子，晋武帝对他非常器重，经常召他进宫商议国事。满奋从小生长在温暖的南方，特别怕冷，一到冬天，就感觉苦不堪言。一天，晋武帝召见满奋，他知道满奋畏寒，就命人在北窗下立了一扇琉璃屏风。满奋顶着风，好不容易进了宫。晋武帝赐坐后，一个侍臣把椅子放到北窗下。满奋不由得浑身打颤。坐吧，怕冷风吹；不坐吧，恐怕对皇上不敬。他局促地站在原地，不知如何是好。晋武帝看到满奋左右为难的样子，大笑说："你就放心坐下吧，那是琉璃屏风，挡风的效果更好。"满奋这才松了口气，同时又很不好意思，就自我解嘲道："我就像吴地的水牛，一看到月亮就吓得直喘气。"满奋为什么这样说呢？原来，吴地的水牛怕热，一看到太阳，就会喘个不停。所以一到夏天，水牛就喜欢泡在凉水里，在阴凉的地方歇息。有的水牛看见月亮，误以为是太阳出来了，也会吓得不断喘起气来。总之，吴牛喘月是一种很奇妙的现象，满奋在这里把自己心中的惧怕借一种自然现象说得惟妙惟肖，起到了很好的解嘲作用。

105

文饰要恰如其分，不可太过。因为文饰只是促进事业成功的助因，而不是主因，只起辅助作用，不起决定作用。决定因素仍然是内在的实质。如果文饰太过，超过限度，不符其实，那就适得其反。文过盛，实必衰，这是必然的道理。

如果你用翡翠作钓线，桂枝作钓饵，鱼竿是够美了，鱼看了却一定会吓跑。正像浓妆艳抹，往往会掩盖姿色的清丽，过于华美的文辞，也常常会妨碍思想的表达。人们只记住他的文字，却没有注意他的思想，这对于做文之人实质上是一种失败。唐宋古文运动，其目的就是反对此前文坛堆砌词藻、无病呻吟之风，提倡直抒胸臆、真情实感之文。因为这样的文章才能代表真实思想。文质彬彬，才是好文章。但这个分寸实在难以把握。像某些包装华美的商品，金玉其表，败絮其中，到底是骗不了人的。但是，质优价廉的产品，如果包装粗劣，同样不被市场接受。可见，外表的文饰美化也是不可忽视的重要因素。

第八章

摩篇

——临渊钓鱼，知人虚实洞若观火

108

　　"摩"篇是"揣"篇的姊妹篇。摩，本意为揉擦，这里指通过言论刺激对方，以获知其真实的意图。因此，摩可视为揣的一种具体运用。本篇列举了不少摩的具体方法，如责以正义、诱以利益、施以威吓，等等。我方通过"揣情"，明确了对方的意图之后，即可择法而行之，一般称为"摩意"。善于"摩意"者，必具有超强的思维能力，他们能根据同气相求的规律，将心比心，将事比事，从而准确察知对方的内心欲求。这就好比临渊钓鱼一样，投下鱼饵，鱼儿自然就上钩了。

第一节　永远追求事半功倍

【原典】

古之善摩者，如操钩而临深渊，饵而投之，必得鱼焉。故曰："主事日成而人不知，主兵日胜而人不畏也。"

【评述】

古代善于运用"摩"术的人，就如同拿着钓钩到深水边上钓鱼一样。只要把鱼饵投下去，就一定可以钓到鱼。所以说，他主办的事情日益成功，而人们仍不知他是如何成功的；他指挥的军队日益压倒敌军，而人们仍不知战争的可怕。"主事日成而人不知，主兵日胜而人不畏"，与《孙子兵法》中强调的"百战百胜，非善之善者也；不战而屈人之兵，善之善者也"，

其核心都是实施战略的非攻原则，即不通过武力交锋而达到战略目的，这是最圆满的胜利，也是战略家所追求的最高目标和完美境界。这种全胜的战略思想，和一般国君、将帅追求彪炳

战绩、好大喜功的心态背道而驰。

战国时，齐湣王是一个恃强好战的君主。他仗着齐国兵力强大，四处征讨。30年的征战，使齐国钝兵挫锐，国力日衰，兵弱将寡，将士离心。这时，燕昭王采取了乐毅的建议，统率燕、秦、楚、韩、赵、魏的军队一起攻齐，一举而拔城70余座。齐湣王本人死于逃亡途中。齐湣王连年征战，导致国力衰弱，反胜为败的史实，正是对战争的危害认识不清的恶果。

能真正做到"不战而屈人之兵"的人，才是真正的雄才大略。这一原则的基础，就是自己的国家要强大，军事、经济实力足以压倒对方，才能在政治上处于主动地位，通过外交途径达到不战而胜的目的。

三国时代，蜀将关羽围困魏地樊城、襄阳时，曹操想迁都，避开关羽的锋芒。司马懿和蒋济力劝道："刘备和孙权表面上是亲戚，其实疏远。关羽得意，是孙权不愿意看到的。可以派人劝孙权攻击关羽的后方，并答应把江南地方分给孙权，则樊城的危机自然就解除了。"曹操用了他们的计谋，关羽终于兵败麦城，被东吴俘虏了。

同样的一件事情，有多种多样的解决方法。有的方法能够成功，有的方法却注定失败。很多时候，即使多种方法都能够获得成功，其中也总有最便捷的一个。比如要想放倒一棵大树，可以有多种方法。想通过自己的力气把树推倒的人是一个愚蠢的人，用斧头一下一下把树砍倒的人也能够达到目的，但却耗时费力。而使用电锯的人最聪明，最快最省力地解决了问题。世界上的任何事情都是这样。恰当的方法常常可以起到事半功倍的效果。所以，做事情之前，思考一个最恰当的方法是十分必要的。

公元339年，东晋大将桓温举兵讨伐燕国。燕王慕容玮力量不支，于是派使臣到秦国，提出将虎牢关以西地区送给秦国，以此为条件，请求秦国出兵援助。

秦王苻坚与群臣商议此事。大多数人都不同意发兵救燕，因为当初桓温攻打秦国时，燕国只是袖手旁观。但是，大臣王猛的意见与众不同，他分析说："如果我们不救燕国，桓温势必会占领燕国，那他的力量会更加强大，这对秦国极为不利。如果我们与燕国合兵一处，攻打桓温，桓温必然败退而去。这样一来，燕国的力量会在战争中大大削弱，那时我们就可占领燕国。"苻坚听从了王猛的计谋，派兵 2 万去救燕。在燕秦联军的顽强抵抗下，桓温被迫退出燕国。在从燕国撤退之前，秦军向燕王索要虎牢关以西地区。燕王此时有意抵赖，这样正中苻坚的下怀，他借燕王不守信用为由，一举吞并了燕国。苻坚先救燕后灭燕，虽然不是兵不血刃，但毕竟比直接攻打要省事许多。

　　要想从根本上解决问题，必须要找到正确的方法，如此才能取得事半功倍的效果。俗话说："扬汤止沸，不如釜底抽薪。"在军事上尤其如此。同力量强大、气势旺盛的敌人进行战斗，用小股力量硬碰，决不会取胜。只有避其锋芒，找到影响战争全局的关键，抓住敌人的弱点，从根本上减少敌人的锐气，才能战而胜之。

111

　　兵马未动，粮草先行。战争中的补给供应就是战争中一个胜负的关键因素。公元200 年的官渡之战，曹操烧掉袁绍乌巢的粮草供应就是这样一个典型。官渡之战开打前，因双方实力悬殊，当时很多人都以为曹操必败，甚至连曹操自己都有些疑虑。后来在谋士许攸的建议下，曹操派精兵烧掉了袁绍后方

供应的粮草。前方的大军听到粮草被烧的消息后，军心大乱，随即不战自溃。曹操乘机进攻，最终大败袁绍。为后来统一北方奠定了坚实的基础。

现代社会，企业的制胜之道，就是不断增强实力，以宏大的规模效应给竞争对手以沉重压力。但是，任何公司参与市场竞争，都需要足够的经费予以支持。对于经费的使用，需要有预算的控制并加以严格的审核，才能防止弊端产生。企业经费及竞争力的平衡，是使企业战略有利开展的一大课题。

第二节 不露相的才是真人

【原典】

圣人谋之于阴，故曰"神"；成之于阳，故曰"明"。所谓"主事日成"者，积德也，而民安之，不知其所以利；积善也，民道之，不知其所以然；而天下比之神明也。"主兵日胜"者，常战于不争、不费，而民不知所以服，不知所以畏，而天下比之神明。

【评述】

圣人谋划事情总是在暗地里进行，人们不知其就里，故称之为"神"；而他所取得的成功都显现于众人眼前，所以人们称之为"明"。圣人"主事日成"，一是由于他暗中施德泽于民，使老百姓安居乐业，老百姓尚不知是如何得到这些好处的；二是由于他暗中积累善行，老百姓只知说好，却不知道为什么会这样。天下人都把这样的人比之为神明。圣人"主兵日胜"，是由于他不热衷于争城夺池，战争的消耗很小，老百姓不知道敌国为何拜服，也不知道战争有什么可怕。天下人也都把这样的人比之为神明。

鬼谷子所说的"圣人谋之于阴"，说的是圣人言行谨慎，做事不张扬，只有如此，才能"主事日成""主兵日胜"。

中国人最擅长的就是韬光养晦了。一个人锋芒太露，很容易招致他人的嫉恨，并最终为自己带来祸患。孔子谆谆告诫要"温、良、恭、俭、让"，实际上也就有深藏不露的意思在内。《周易》说："君子藏器于身，待时而动。"无此器最难，而有此器，却不思待时，则锋芒对于人，只有害处，不会有益处。为人处事低调一些，没有什么祸患能主动找到身上来。如果处事太过张扬，那就会引火烧身。

明朝的时候有个叫沈万三的人，此人号称"天下首富"，为人处事高调招摇。当初朱元璋起事的时候，他赞助了大笔的银子。由于人们搞不清此人是如何做到富可敌国的，于是便传说他手中有一个聚宝盆，可以源源不断地聚积财富。

据说，明帝国首都南京城的城墙、官府衙门、街道、桥梁有一半是该人捐资修建的。这使皇帝朱元璋的心里很不舒服，心想："他有如此多的财富，以后万一反叛谁能制止得了。"于是决定除掉沈万三。后来有一次军队凯旋归来，沈万三为了破财免灾，讨好朱元璋，便自说自话地提出申请，说是愿意再捐一大笔钱，供天子犒赏军队。于是朱元璋借题发挥说："一介平民，却要犒赏天子的部队，必是侮长犯上的乱民，其罪当诛。"随即，沈万三被发配充军云南，以后沈家九族也大受株连。

古语有云："木秀于林，风必摧之。"太过招摇了，不是

什么好的事情。俗话"人怕出名猪怕壮"说的也是这个道理！深藏不露的人，表面上看来好像他们都是庸才，胸无大志，实际上只是他们不肯在言语上露锋芒，在行动上露锋芒而已。因为他们有所顾忌，言语露锋芒，便要得罪旁人。得罪旁人，旁人便成为阻力，成

114

为破坏者；行动露锋芒，便要惹旁人的妒忌，旁人妒忌，也会成为阻力，成为破坏者。表现本领的机会，不怕没有，只怕把握不牢，只怕做的成绩不能使人特别满意。

俗话说："人不可貌相，海水不可斗量。"这就告诫我们，人的外表并不代表着才情、能力，成大事者不在其貌！齐相晏婴身高不足五尺，却历任齐灵公、庄公、景公三朝相国，成为春秋后期一位重要的政治家、外交家。司马迁曾将他比为管仲，推崇备至，用"不辱使命，雄辩四方"八个字来形容他的外交活动。

三国时代的庞统很有才华，人称"凤雏"，与"卧龙"诸葛亮齐名。庞统为人朴质，容貌丑陋，年轻时一直没人赏识他。赤壁之战时，庞统避乱于江东，被鲁肃推荐给周瑜，入曹营献"连环计"，使周瑜火攻成功。周瑜去世后，诸葛亮借吊孝之际拉拢庞统，同时鲁肃也将庞统推荐给孙权，但孙权嫌庞统容貌丑陋，态度傲慢而不予重用。于是庞统往荆州投靠刘备，初为县令，不理政事。刘备听了诸葛亮的推荐，召见庞统，两人纵论上古今。刘备发现庞统才华横溢，对他大为器重，遂拜庞统为副军师中郎将，与诸葛亮共商方略，教练军士。

当然，深藏不露的"藏"也是为了"露"，在时机成熟时，要毫不含糊地表现自己。就像当年毛遂向平原君自荐时说的"吾乃囊中之锥，未曾露锋芒，今日得出囊中，方能脱颖而出"。

战国时，秦国大军攻打赵都邯郸，赵孝成王命平原君赵胜去楚国求救。平原君打算带20名文武兼备的人跟他同行。他手下虽有三千门客，但挑来挑去，只挑中19人。这时，坐在末位的门客毛遂站了起来，向平原君自荐同行，说的就是上述一番话。平原君于是答应他同去。来到楚国，平原君跟楚王谈合纵的事，毛遂和其他十九个门客都在台阶下等着。从早晨一直到中午，平原君也没有说服楚王。毛遂于是带着宝剑，快步上了台阶，说："当年楚怀王当了秦国的俘虏，死在秦国，这是楚国最大的耻辱。秦将白起只带几万人，就夺了郢都，逼得大王迁都。这些就连我们赵国人也替你们感到羞耻。今天我主人跟大王来商量合纵抗秦，既是为了赵国，也是为了楚国。"毛遂这一番话像锥子一样，句句戳在楚王的心上。于是，楚王与平原君当场歃血结盟。随后，楚王就派大军奔赴赵国救援。平原君回赵后，待毛遂为上宾，很感叹地说："毛先生一到楚国，楚王就不敢小看赵国了。"

　　是金子总会发光，但也不能老把金子埋在地里。把握机遇的能力也很重要，一旦机会来临，千万不要错过。真人不露相，这是千真万确的。但永远都不露相的，肯定不是真人。

116

第三节　你靠什么去打动人

||【原典】||

其摩者：有以平，有以正，有以喜，有以怒，有以名，有以行，有以廉，有以信，有以利，有以卑。平者静也，正者直也，喜者悦也，怒者动也，名者发也，行者成也，廉者洁也，信者期也，利者求也，卑者谄也。故圣人所独用者，众人皆有之，然无成功者，其用之非也。

||【评述】||

"摩"有多种方式，有的靠平和，有的靠正义，有的靠取悦，有的靠愤怒，有的靠名望，有的靠行为，有的靠廉洁，有的靠信义，有的靠利益，有的靠谦卑。运用不同的方式，有不同的目的：靠平和是使其冷静思考；靠正义是晓之以理；靠取悦是为了麻痹对方；靠愤怒是为了震动对方；靠名望是为了威吓对方；靠行为推动是为了成功；靠廉洁是为了清白；靠信义是为了使对方明智；靠利益是为了诱惑对方；靠谦卑是为了满足对方虚荣心。总之，圣人所施用的"摩"术，平常人都可以使用，然而没有运用成功的，是因为他们运用不当。

要想在竞争中获得胜利，一定要诉诸于手段。根据目标的不同，采取的手段也各不相同。主要的问题在于，你的手段是

否有效，是否能打动你想打动的人。鬼谷子在这里提出了各种不同的策略，或者称之为"情感攻势"，对我们有颇多的借鉴意义。

东汉末年，群雄并起。孙策年仅 17 岁，继承父志，势力逐渐强大。公元 199 年，孙策欲向北推进，准备夺取卢江郡。但占据卢江的军阀刘勋势力强大，孙策认为硬攻很难取胜，便派人给刘勋送去一份厚礼，并在信中把刘勋大肆吹捧一番。孙策以弱者的身份向刘勋求救，说上缭经常派兵侵扰，我们力弱，不能远征，请求将军发兵降服上缭。刘勋见孙策极力讨好他，万分得意。上缭一带十分富庶，刘勋早想夺取，今见孙策软弱无能，免去了后顾之忧，因此决定发兵上缭。部将刘晔极力劝阻，刘勋根本听不进去。孙策时刻监视刘勋的行动，见刘勋亲率几万兵马去攻上缭，城内空虚，心中大喜，立即率领人马，水陆并进，袭击卢江，几乎没遇到顽强的抵抗，就顺利地控制了卢江。刘勋猛攻上缭，一直不能取胜。突然得报，孙策已取卢江，情知中计，后悔已经来不及了，只得灰溜溜地投奔曹操。

另外一个类似的例子发生在两晋末年，当时幽州都督王浚企图谋反篡位。石勒闻讯后，打算消灭王浚的部队，但王浚势力强大，石勒恐一时难以取胜。为了麻痹王浚，他派门客王子春带了大量珍珠宝物，敬献王浚。并写信向王浚表示拥戴他为天子。王浚看了信后非常高兴，信以为真。公元 314 年，石勒探听到幽州遭受水灾，老百姓没有粮食，王浚不顾百姓生死，苛捐杂税，有增无减，民怨沸腾，军心浮动。石勒亲自率领部队攻打幽州。这年4月，石勒的部队到了幽州城，王浚还蒙在鼓里，以为石勒来拥戴他称帝，根本没有准备应战。等到他突然被石勒将士捉拿时，才如梦初醒，最终身首异处，美梦成了泡影。

在上面的两个战例中，孙策、石勒充分利用对方恃强自傲的心理，故意用谦卑的言辞来打动对方、麻痹对方，最后出其不意地一举击败对方。而在现代社会中，任何一种商品，都有大量的品牌参与竞争，如何让你的品牌能够脱颖而出，赢得市场，就需要考虑怎样打动公众。

台湾省建弘电子公司曾开发出一种"普腾"牌的高解像度电视机，产品性能超过了专业水准，在1982年开始进军美国市场。拓展市场之前，由建弘公司当时的总经理洪敏泰策划在美国打广告，第一年的广告费用就达120万美元，主要登在专业性的杂志上，当时广告的口号是"Sorry Sony"，因向索尼这世界第一品牌"佯攻"，引起业界议论纷纷，为普腾建立了知名度。在经销中，则选择高级音响和视听器材为主，价钱比较合理。一年以后，"普腾"就已经有了稳定的销售量，在美国拥有了较高的知名度，"普腾"的行销攻势终获成功。在美国占有了市场以后，普腾电视回过头来，在台湾岛内行销，以市场引领者的姿态，在台湾岛内出尽风头，也有了良好的销路。本例中，普腾在实力远远不济索尼的情况下，巧妙揣摩大众心理，假意向索尼发出挑战，成功地分夺了部分电子市场。

人都是有情感的，要想打动别人，就要很好地利用情感，发动情感攻势。在下面的这个故事中，我们来看看一个英国青年，如何用1英镑战胜了10万英镑。

英国有位孤独的老人，无儿无女，又体弱多病，他决定搬到养老院去。老人宣布出售他漂亮的住宅。购买者闻讯蜂拥而

119

至。住宅底价 8 万英镑，但人们很快就将它炒到 10 万英镑，价格还在不断攀升。这时，一个衣着朴素的青年来到老人眼前，弯下腰，低声说："先生，我也好想买这栋住宅，可我只有 1 英镑。"青年的表情并不沮丧，他继续诚恳地说："如果您把住房卖给我，我保证会让您依旧生活在这里，和我一起喝茶、读报、散步，让您天天都快快乐乐的——相信我，我会用整颗心来关爱您！"老人颔首微笑，挥手示意人们安静下来，"朋友们，这栋住宅的新主人已经产生了。"老人拍着青年的肩膀，"就是这个小伙子！"

"贱买贵卖"虽然是最常见的生意原则，但商业里也还有感情的溪流和人性的光辉。在这个故事里，青年人避开了房屋的价值问题，而是直接用款款深情来打动老人，使他赢得了意料之外的胜利。在洞察人性的基础上，用诉诸情感的方式去打动人，使之顺从自己的意愿。这是现代交际中常用的法则，也是最有效的成功方法之一。

第九章

权篇

——巧言设谋，以我之长制彼之短

122

　　"权"者，是度量权衡的意思，这是游说活动的根本方法之一。号称"纵横之祖"的鬼谷子，对于"权"术有着独到的见解。在本篇中，他全面阐释了"权"术的原则和方法。鬼谷子认为，对游说对象的度量乃是游说之本。通过对方的言谈，可权衡出对方的智能、品性和欲望，找出其弱点作为游说的突破口，以实现自己的游说意图。要做到这一点并不容易，游说者不但要耳聪目明、智慧超群，还要拥有杰出的语言表达能力。

第一节　选择恰当的语气

【原典】

说者，说之也；说之者，资之也。饰言者，假之也；假之者，益损也。应对者利辞也；利辞者，轻论也。成义者，明之也；明之者，符验也。言或反覆，欲相却也。难言者，却论也；却论者，钓几也。佞言者，谄而于忠；谀言者，博而干智；平言者，决而干勇；戚言者，权而干信；静言者，反而干胜。先意承欲者，谄也；繁称文辞者，博也；纵舍不疑者，决也；策选进谋者，权也。先分不足以窒非者，反也。

【评述】

凡游说一定要借言辞打动人。凡游说一定要准备回答他人的问话，准备好机变的辞令；所谓机变的辞令，为的是能轻松地辩论。符合义理的言论，必须要辨明真伪，使人明白；要使人明白义理，除了辨明真伪外，还要符合其心理需求。言谈时，或许还需要反复辩难，意欲使对方让步。游说的难点在于"却论"，即责难对方的言辞，使对方放弃原先的论调。却论最根本的方法是"钓己"，即以诱惑的语言为饵钩，钓出对方心中的机密，然后有针对性地说服他。用花言巧语游说人，因谄媚而显得忠诚；用奉承的话语游说人，因博学而显得多智；用平

123

实的语言游说人，因果决而显得勇敢；用忧愁的语气游说人，因善权变而显得有信用；用稳健的态度游说人，因改变对方主张而获得成功。谄媚的，是因为预先揣测对方意图，奉承对方欲望；博学的，是因为言谈中旁征博引，文采斐然；权变的，是因为优选策略，博取对方的欢心；果决的，是因为取舍之间毫不犹疑；改变对方主张的，是因为责难对方观点中的错误，使他信服。

鬼谷子在这里列举了多种说话的语气，如佞言、谀言、平言、戚言、静言。在鬼谷子看来，这些语气本身并没有对错之分，关键看如何使用。佞言、谀言其实就是奉承话。自古以来，对于喜欢说奉承话的谄媚之徒，人们一般都比较反感。宋朝时，参知政事丁渭在都堂为宰相寇准擦拭胡须上的汤渍，寇准戏谑他说："参政是国家的大臣，怎能为上司拭胡子呢？"丁渭不禁羞愧万分。

然而，有一种话和奉承话相似，那就是赞美话。赞美与奉承的区别，在于奉承的话总是缺乏根据的，让人一听就大倒胃口。因此，喜欢说奉承话的人往往被称为"马屁精"。赞美则立身于"有其事"，而且往往是出于善意的。赞美的语言永远是人际关系的润滑剂，现代紧张枯燥的生活中，赞美的语言可以缓解一个人紧张的神经，给生活带去一份美丽。奉承话让人生厌，赞美话让人自信，如何来讲，就要看自己如何把握了。

罗杰斯是某皮革公司的销售经理，一次，他向客户介绍完一种新产品后，微笑着问："你认为我们公司的产品如何？""啊，我非常喜欢，但是我想它是非常贵的，我可能会为它付出一个非常荒谬的价格，在您之前我就听说过。"客户答道。"请您告诉我，"罗杰斯微笑着说，"看来您是一个非常有贸易经验的人，您和别人一样懂得皮革和兽皮，您猜想它的成本是多少？"那人受了赞美，回答他说他认为可能是45美分一码。"您说得对。"罗杰斯用惊奇的眼光看着他说，"我不知道您是怎样猜到的？"结果，罗杰斯以45美分一码的价格获得了订货单，双方对事情的结果都很满意，罗杰斯决不会告诉他的客户，公司最初给产品的定价是39美分一码。

在生意场上，赞美话有说不尽的妙用。在销售产品的过程中，适当地赞美别人，让别人觉得他自己很聪明，这样最后做成生意的可能性是很大的。罗杰斯的故事，就告诉了我们这一点。在商业谈判的过程中该讲什么话，采用什么样的语气，都关系到谈判最终的结果，除了事先仔细斟酌外，也要注意临场的发挥。

一次，我国与突尼斯 SIAP 公司代表对建设化肥厂的事宜进行谈判，几次磋商都很顺利，双方商定利用秦皇岛港的优越条件建址。不久，科威特方面也参加进来联合办化肥厂。在第一次三方谈判中，科威特石油化学工业公司的董事长听了中突双方的筹备工作介绍后，断然提出反对："你们前面所做的一切工作都是没有用的，要从头开始！"于是，谈判陷入了僵局。中突双方无法接受科威特方面的苛刻意见。但这位董事长在科威特的地位仅次于石油大臣，他还是国际化肥工业组织的主席，怎么改变这位董事长的决定，打破沉闷的气氛呢？

中方代表明白，像科威特公司董事长这样的铁腕人物，一般是吃硬不吃软的，于是他猛然站起身，义正辞严地说："我代表中国地方政府声明：为了建设这个化肥厂，我们选定了一处地理位置优越的厂址。为了尊重我们的友谊，在许多合资企业表示要得到这块土地的使用权时，我们都拒绝了。如果按照董事长今天的提议，事情将要无限期的拖延下去，那我们只好把这块地方让出去！对不起，我还要处理别的事情，我宣布退出谈判，下午，我等待你们的消息！"说罢，他拎起皮包就走，回到了自己的房间。半小时后，一位谈判人员跑来了，兴奋地说："你这一炮放出来，形势急转直下，那位董事长请你赶快回去，他们强烈要求迅速征用秦皇岛的场地！"

取得这次谈判胜利的主要原因，在于中方代表能够认真分析出现僵局的症结所在，采取了正确的语气来应对，获得了预计的成功。

日本古都奈良是著名的旅游城市，每年一到春夏两季，就有观光客潮水般涌来。奈良的春天，一过四月份，就有大量燕子从南方飞来，争相在旅馆的檐下筑窝栖息，繁衍后代。可是，燕子有随便排泄的习惯，尽管服务员们不停地擦洗，但总会使旅馆留下污渍。于是，房客们纷纷抱怨此事。这时，一家旅馆的公关小姐灵机一动，她以燕子的名义给房客写了一封信，并广为张贴和宣传。这封信是这样写的：

女士们、先生们：

我们是刚从南方赶到这儿过春天的小燕子，没有征得您的同意，就在您的窗前安了家。我们的小宝贝年幼不懂事，我们的习惯也不好，经常弄脏您的玻璃窗和走廊，致使您很不愉快。我们为此很过意不去，请您多多原谅。

还有一件事恳求您的谅解。请您千万不要埋怨服务员小姐，她们是经常擦洗的，只是擦不胜擦，这完全是我们的过错。请您稍等一会儿，她们很快就会来擦洗。

您的朋友小燕子

旅馆的房客们见到这封妙趣横生的信，明白了事情的原委，心里的怨气顿时消散了。这家旅馆的公关小姐巧借小燕子的名义，以温柔的语气代旅馆向房客们道歉，收到了良好的效果，避免了一场效益危机。

在现代商业社会中，为了争取更大的利益或避免更大的损失，有时难免要有一番唇枪舌剑。善于措辞的人，无疑会占据先机。

127

第二节 善于观察和分析

【原典】

故口者机关也，所以关闭情意也。耳目者，心之佐助也，所以窥间见奸邪。故曰："参调而应，利道而动。"故繁言而不乱，翱翔而不迷，变易而不危者，睹要得理。

【评述】

口是言语的机关，用它来开闭人的情感之门。耳目是心灵的辅助机关，可以窥见人的奸邪。所以说，只要口、耳、目三者相互呼应，因势利导，就会走向成功。言辞繁多也不纷乱，思绪翱翔也不迷惑，局势有变也不危急，这就要求在观物时要切中要害，掌握真理。

一个优秀的雄辩家，不单逞"口舌之辩"，而是将其与目视、耳听、心思三者结合起来，力争做到有理有据，从而在处事和论辩中无往而不胜。

春秋时候，郑国的执政子产以贤能著称。一天，他出门巡视，走到一家门前，听到妇人的哭声，就问怎么回事。仆从告诉他这家男主人刚死了。子产略加思索，就派人去捉拿那妇人审问，原来是她杀死了自己的丈夫。后来，他的仆人问道："先生怎么知道她是杀夫者？"子产说："她的哭声中隐含着恐惧。所有人对于自己的亲人，开始病的时候是爱护的，临要死的时候会感到恐惧，已经死了的话就会哀伤。现在她是哭已经死了的人，不是哀伤却是恐惧，那么我就知道她心怀鬼胎啊。"

鬼谷子说"耳目者，心之佐助也"，其实是说要注意观察，积累经验，在此基础上进行分析和判断。但是，在某些特殊情况下，自己亲眼所见的事实也不一定可靠，还要依赖于对人和事的正确判断。

春秋时代，孔子带着弟子周游列国，走到陈国和蔡国之间的时候，穷困不堪，连野菜汤也喝不上，七天没有吃到一粒粮食。颜回找到一点米，把它放在甑里煮。饭快熟了，孔子看见颜回抓甑里的饭吃。过了一会，饭熟了，颜回请孔子吃饭。孔子心里不痛快，决定谴责颜回一番，便不动声色，站起来说："刚才我梦见祖先，要我把最干净的饭食送给他们。"颜回忙说：

"刚才有灰尘掉进甄里，把饭弄脏了，我感到丢掉不好，就用手把它抓起来吃了。"孔子听了感慨地说："我所相信的是自己的眼睛，但眼睛看到的还是不可相信；我所依靠的是自己的脑子，但脑子有时也靠不住。你们要记住，了解一个人确实不容易呀！"

在日常生活中，不要轻易用自己"亲眼所见"来妄下结论。孔子可谓大智者，但他仅凭经验断事也会弄错。有的时候，耳目并不一定指身体器官，而是指获取信息的渠道。在古今中外的政治、军事斗争中，间谍都发挥着重要的作用，就相当于统帅的耳目一般。

春秋时期的一天，魏公子信陵君正在和魏王下棋，突然北方传来报警的烽火，说是赵国出兵侵犯魏国。魏王惊慌失措，信陵君却安慰魏王，说不过是赵王打猎而已。又过了一会儿，果然又从北方传来消息说："方才是赵王打猎。"魏王问信陵君为什么知道赵王的行踪，信陵君回答："我的门客探听到的。"原来，信陵君养了许多门客，充当各种间谍，早已打入赵国统帅内部，赵王一有动静，门客就马上想办法向信陵君报告了。此外，信陵君还采取各种手段，收买各国的间谍，因此对天下情况了如指掌，可说是一个用间高手。

在细心观察的基础上进行分析，是澄清事实的必要步骤。比如林肯为一桩谋杀案件辩护的故事，正是如此。

林肯当律师时，他一个朋友的儿子小阿姆斯特朗被控谋财害命，已初步判定有罪。林肯以辩护律师的身份，到法院查阅了案卷。他发现，全案的关键，在于原告有一位证人福尔逊，发誓说他在 10 月 18 日的月光下，目击了小阿姆斯特朗用枪击毙死者的经过。林肯做了仔细的分析后，要求复审此案。在复审中，有以下一段精彩的对话。

林肯：你发誓说看清了小阿姆斯特朗？

福尔逊：是的。

130

林肯：你在草堆后，小阿姆斯特朗在大树下，双方相距二三十米，你能认清吗？

　　福尔逊：月光很亮，所以看得非常清楚。

　　林肯：你不是根据衣着认出他来的吗？

　　福尔逊：不是，我确实借着月光看清了他的脸。

　　林肯：你肯定时间是在 11 点吗？

　　福尔逊：肯定，因为我回屋看了钟，那时是 11 点 15 分。

　　林肯问到这里，转过身来，发表了一席令人震惊的话："我不得不告诉大家，这个证人是一个彻头彻尾的骗子。他一口咬定 10 月 18 日晚上 11 点在月光下看清了被告的脸。请大家想一想，10 月 18 日那天正好是上弦月，晚上 11 点月亮已经下山，月光从何而来？退一步说，或许他时间记得不很精确，稍有提前。但那时，月光是从西照向东，草堆在东，大树在西，如果被告的脸面对草堆，脸上是不可能有月光的！"做伪证的福尔逊顿时傻了眼。法庭上一阵沉默之后，迸发出一阵热烈的掌声和欢呼声。

　　细致的观察、透彻的分析加上如簧的巧舌，这是林肯成功的三大要素，也是我们努力追求的境界。

131

第三节 谨防忌语和谣言

【原典】

故无目者，不可以示以五色，无耳者，不可告以五音。故不可以往者，无所开之也；不可以来者，无所受之也。物有不通者，圣人故不事也。古人有言曰："口可以食，不可以言。"言者，有讳忌也。众口烁金，言有曲故也。

【评述】

对于盲人，不应给他看五色；对于聋子，不应给他听五音。因此，对于冥顽不灵的人，就不要试图开导；对于不可交往的人，也没有必要接受。对于那些不通情理的人，不必与他谋事。古人说："嘴可以吃饭，不可以随便说话。"因为有些话说出来是犯忌讳的。众口烁金，积毁销骨，谣言也是可以歪曲事实的。

鬼谷子认为，即便是有雄辩之才，也应该谨言慎行。有些话说出来没有效果，根本没必要说。有些话说出来犯忌讳，容易伤害别人，一定不要说。

从前，有一个坏脾气的男孩。爸爸给了他一袋钉子，告诉他，每次发脾气或跟人吵架的时候，就在院子的篱笆上钉上一根。第一天，男孩钉了三十几根钉子。渐渐的，他学会了控制自己的脾气，每天往篱笆上钉的钉子在一天天减少。

终于有一天，他一根钉子都没有钉，于是兴高采烈地跑去告诉爸爸。爸爸说："从现在起，如果你一整天都没有发脾气，就可以拔掉一根钉子"。日子一天天过去，最后，钉子都被拔光了。爸爸带他来到篱笆边，对他说："孩子，你做得很好，可是看看篱笆上的钉子洞，这些洞永远也无法恢复了。你对别人说了一些难听的话，就在他心里留下一个伤口，像这个钉子洞一样。"至此，男孩才彻底明白了自己以前的错误。

我们痛恨那些专以中伤他人为能事的人，如唐玄宗的宰相李林甫，就是个"口蜜腹剑"的小人。有一次，他借闲聊的机会，对大臣李适之说："华山出产大量黄金，如果能够开采出来，就能增加国家的财富，可惜皇上还不知道呢！"李适之信以为真，便跑去建议玄宗快点开采，玄宗一听很高兴，就把李林甫找来商议。李林甫却说："华山是帝王家的命脉，怎么可以随便开采呢？别人劝您开采，恐怕是不怀好意吧。"玄宗听信了他的话，对李适之很不满意，逐渐疏远了他。

李林甫固然可恶，可李适之也着实过于木讷，竟然乖乖地往李林甫设好的口袋里钻，说出一些犯皇家忌讳的话来，结果

遭到皇帝的疏远。三国时期的名士杨修，喜欢卖弄小聪明。他曾担任曹操的主簿。一次，工匠们建造丞相府的大门，刚架上椽子，曹操亲自前往观看，在门上写个"活"字，就离开了。杨修看见了，立刻命工匠把门拆了。拆完后，他说："门里加个'活'字，是'阔'字。魏王这是嫌门太大了。"还有一次，有人送给曹操一杯酪，曹操吃了一点，就在盖子上题写了一个"合"字给大家看，没人理解这是什么意思。轮到杨修看时，他便吃了一口，说："曹公教每人吃一口呀，还犹豫什么！"曹操虽嘴里称赞，心里却十分反感。后来，曹操出兵汉中，攻打刘备，但军队面临很多不利，一时进退两难。一天晚上，厨子给他端来一盆炖鸡。恰好部将夏侯惇前来请示夜间用什么口令，曹操手中正好拿着一块鸡肋，随口就说："鸡肋。"杨修得知后，立即叫兵卒为他收拾行装，别人问他这么做的缘由，杨修说："鸡肋，食之无味，弃之可惜，看来丞相要撤兵了。"曹操闻讯大怒，立即以惑乱军心的罪名把他杀了。

其实，曹操的意思，别人未必不懂，只是知道这位丞相疑心重，忌讳多，不愿开口点破而已，而杨修只道是自己聪明，恃才傲物，锋芒毕露，完全不揣摩曹操的心思，犯了忌讳，结果误了身家性命。成杨修者，聪明也；亡杨修者，亦为聪明也。

不说废话，不犯忌讳，这些全在于自己的收敛。然而，你就是管好了自己的嘴，也管不了别人的嘴。所以，还要特别留意受到别人谣言的中伤。

　　魏国有一个大臣叫庞恭,有一次,魏国王子要到赵国作人质,魏王派他作随从。临行之前,庞恭对魏王说:"如果有一个人说大街上有老虎,您相信吗?"魏王回答说:"当然不信啦!"庞恭又问:"如果有两个人说大街上有老虎,大王您信吗?"魏王犹豫了一下,回答说:"还是不信。"庞恭又问:"如果有三个人说大街上有老虎呢?"魏王想了想,说:"这下我相信了。"庞恭说:"实际上,大街上根本就没有老虎。因为有三个人说有,大王在没有亲眼见到的情况下,也就相信了。现在,我大老远出使赵国,说我坏话的人肯定不止三个,希望大王明察。"魏王说:"你放心吧,我心里有数。"于是庞恭陪太子去赵国了。后来,庞恭从赵国返回以后,魏王还是听信谗言,没有再重用他。庞恭在临行前专门为魏王讲了"三人成虎"的故事,可他回来之后,还是失去了魏王的信任。

　　"众口铄金,积毁销骨",流言蜚语多了,"是"可以被说成"非","白"可以被说成"黑"。一代名将岳飞不就是因为"莫须有"的罪名,惨死在奸臣秦桧手里的吗?历史上,还有很多忠臣因为奸臣的谗言,过早地结束了自己的政治生命。

135

　　宋真宗年间,契丹人大规模入侵北宋,朝廷上下人心惶惶。新任宰相寇准力劝真宗御驾亲征,他认为这样就能鼓舞士气,一定能打退辽兵。宋真宗于是决定御驾亲征,进军澶州与辽兵对峙。将士们看到宋真宗的黄龙大旗,士气高涨,个个奋勇杀敌,果然取得少有的胜利。副宰相王钦若本来就和寇准不和,现在看到寇准立下了这么大的功劳,真是又妒又恨。于是,他便借一次陪同宋真宗赌博的机会,诬陷寇准说:"皇上您知道赌博的时候最危险的是什么吗?"宋真宗从来没有想过这个问题,很想知道答案,王钦若就趁机对真宗说:"最危险的是孤注一掷,因为这样一旦输了就可能会输得精光。上次澶渊之战,寇准分明是将皇上作为赌本押上了,这是把大宋所有的'本钱'都押上了,这个寇准丝毫不顾及皇上的安危啊!"宋真宗听了他的这番话后很是生气，觉得自己被寇准利用了，不久便撤了寇准的宰相之职。套用一句俗语，"伤人之言不可有，防人之心不可无"，这是我们应该切记的。

136

第十章

谋篇

——深藏不露，计谋百出而人不知

138

　　"谋"篇是"权"篇的姊妹篇。"权"是"权衡"；"谋"
是"计谋"。显然，"谋"应建立在"揣""摩""权"的基
础之上，故置于三者之后。本篇集中讨论了计谋在游说中的作
用及具体运用。鬼谷子认为，"谋"术有两个重要原则，一是
要立足实际，即所谓"谋生于事"，因此在设置计谋之前，必
须详细掌握事情的真相和规则，并处理好奇与正的关系；二是
要行事隐蔽，即所谓"圣人之道，在隐与匿"。智者用计无不
追求隐而不露，只有愚人才会将所谋之事大肆张扬。

第一节　要追求出奇制胜

【原典】

凡谋有道，必得其所因，以求其情。审得其情，乃立三仪。三仪者，曰上、曰中、曰下。参以立焉，以生奇。奇不知其所壅，始于古之所从。故郑人之取玉也，载司南之车，为其不惑也。夫度材、量能、揣情者，亦事之司南也。

【评述】

凡谋事有一定规律，首先必须查明事情的原委，以探得实情。审慎考核实情，然后确立"三仪"，即上、中、下三种策略。此三者互相参验，通过分析论证，就能定出奇谋。这样产生的奇谋所向无阻，自古以来便是如此。据说，郑国人入山采玉，

139

会乘载带有司南的车，为的是不迷失方向。为人谋事，一定要考量其才干、能力，揣测其实情，这是为人谋事不可或缺的指南。

在这里，鬼谷子道出了出奇制胜的奥妙，"奇不知其所拥，始于古之所从"。正如孙子所说："凡战者，以正合，以奇胜。故善出奇者，无穷如天地，不竭如江海。"出奇制胜，正是优秀将帅的追求。

楚汉争霸之际，韩信背水一战大破赵军。在庆祝胜利的时候，将领们问韩信："兵法上说，列阵时应该背靠山，阵前可以临水泽，现在您让我们背靠水排阵，竟然取胜了，这是一种什么策略呢？"韩信笑着说："这也是兵法上有的，只是你们没有注意到罢了。兵法上不是说'陷之死地而后生，置之亡地而后存'吗？如果是有退路的地方，士兵早都逃散了，怎么能指望他们拼命呢？"韩信精通兵法，但不囿于兵法，而是充分领会兵法之精华，将其融会贯通，最终达到出奇制胜的效果。

在毛泽东的军事生涯中，"四渡赤水"是其得意之笔。在数十万国民党的围追堵截中，毛泽东指挥红军来回穿插，忽东忽西，连战连捷。当时，红军受阻于云南的国民党军队。毛泽东出奇兵，命林彪率部袭击防备空虚的贵州。当时蒋介石正在贵州督战，在红军的猛烈攻击下，急忙调动最近的云南军队来护驾。等援兵到达后，却根本找不到红军，蒋介石方知中计。此刻，红军已借蒋之手调走了云南军，顺利地进入了云南省，把几十万追兵甩在身后，跳出包围圈，渡江而去。

"四渡赤水"创造的军事奇迹，正如《孙子兵法》上所说："水因地而制流，兵因敌而制胜。"看准对方虚弱的要害狠插一刀，远比正面硬碰硬高明多了。

在商业上，同样要追求出奇制胜，以较小的代价赢得丰厚的利润。日本西铁城表在进入澳大利亚市场的过程中，就使出了闻所未闻的招数，收到奇效。西铁城表质量优良，属于世界名牌，但在刚进入澳大利亚市场时却遭到了冷眼，因为澳大利亚人对西铁城表几乎一无所知。西铁城钟表商为了让澳大利亚人了解西铁城表，提高西铁城表的知名度，想出了一个绝妙的办法。他们首先在大众传媒上广泛宣传，某日将有世界上最精美的手表从天而降，谁拾到就归谁。好事者怀着侥幸的心理在这天来到指定的广场。预定的时间一到，果然有一架飞机出现在上空，不一会儿，一只只晶光闪亮的手表从天而降。广场上的人兴奋地拾起落在地上的西铁城表，发现这些表居然完好无损。从此，西铁城表在澳大利亚声名大振，一个广阔的市场就这样被打开了。

现实生活中，我们常常按照惯常的思路去想问题、办事情，由于绝大多数人都是这样做的，所以我们并不感到有变化的必要，也并不觉得这样做有什么不好。可是当遇到困难时，我们用常规的做法解决不了，而另一些人却用反常规的办法，巧妙而有效地解决了困难，这时候我们就会感到迷惑，这是为什么？

141

有一个年轻人梦想致富，他发现近来用作礼品的红豆很受欢迎，就开始了卖红豆的生意。红豆又称相思豆，和玫瑰一样，都是爱情的象征。年轻人去了一趟红豆产地，进了大量红豆，回来以后才发现这些红豆大都有瑕疵。有的带着明显的疤痕，有的表皮皱巴巴的，有的颜色不正。怎么办？难不成就这样放弃了？经过一夜的思索，年轻人想出了一个好办法。他把这些红豆分了类，把颜色偏紫红的陈旧红豆制作成"红得发紫，爱到心痛"，把皱巴巴的红豆制作成"等你等到红颜老"，把一半黑一半白的红豆制作成"天亮了，我还是不是你的女人"。结果这些价格更高的红豆一下子引起了销售热潮，让他大赚了一笔。

一个很简单的道理，世界上绝大多数人已经习惯了按部就班地生活，按部就班地思考，所以就造成了思路的僵化。其实，商场上出奇制胜的例子，往往只需要一个好点子、一句广告词就足够了，根本不需要大费周折。

　　曾经有一段时间，法国男子追求美式潇洒，不时兴戴帽子。市场上男帽滞销，帽商一筹莫展。最后，帽商请出著名的服装设计大师做电视广告。他只说了一句话："女人戴男帽，俏上加俏。"有的女郎一试戴，果然别有一番风韵。立时一股男帽风席卷法国妇女群，刮得她们晕乎乎的，一个劲地猛掏钞票购买。法国帽店因此而门庭若市，不论是牛仔帽、鸭舌帽还是老式毡帽，多年的积存全部一扫而空。各时装店不得不临时增设帽子专柜，以接待潮涌而来的顾客，巴黎百华公司则干脆把男帽部并入女帽部。帽商们大发其财，抹掉一身冷汗后，喜不自禁。

　　在数学的推理求证中，有两种行之有效的方法，一种是正面推理，而另一种叫做"逆向推理"，后者往往能够起到更好的效果。在上面的两个例子中，商人把有瑕疵的红豆卖出高价，把男人的帽子卖给了女人，把不利的生意转变成红火的生意，这正体现了不按常理出牌的逆向思维的价值。在我们的日常生活中，为什么一定要坚持惯常思维，而不愿通过逆向思维去出奇制胜呢？

第二节　善于与人合作

【原典】

故同情而相亲者，其俱成者也；同欲而相疏者，其偏害者也；同恶而相亲者，其俱害者也；同恶而相疏者，偏害者也。故相益则亲，相损则疏，其数行也，此所以察异同之分也。故墙坏于其隙，木毁于其节，斯盖其分也。

143

【评述】

凡志趣相投的人联合谋事，事成后若双方都能得利，感情定会亲密；若仅一方得利，感情定会疏远；凡有共同憎恶的人联合谋事，若是同受其害，感情定会亲密；若仅一方受害，感情定会疏远。所以说，凡相互都能受益，感情定会亲密；凡相互受到损害，感情定会疏远。这是矛盾运行的必然规律。所以在为人谋事时，一定要考察彼此在各方面的异同。比如，墙壁都是由于有裂隙才倒塌，树木都是由于有节疤才毁断。人与人之间若有分别，就可能导致分裂。这就是事物一般的规律！

人是社会性的动物。人生在世，免不了要与人合作。在鬼谷子看来，如果合作的结果，是让双方都得益，那就是成功的合作。若只有一方受益，另一方受损，甚至两方都受损，那就

是失败的合作。与人合作，我们一定要谨慎行事，以免误人害己。

　　一则寓言中说，青蛙爱上了老鼠，它想时时刻刻都和老鼠在一起。于是，它把老鼠的脚和自己的脚绑在了一起。刚开始，它们在地面上行走正常，还能吃到谷子。可后来，当它们来到池塘边时，青蛙一下就跳进了水里，把老鼠拖下了水。青蛙在水里玩得高兴，而可怜的老鼠不会游泳，淹死了。最后，老鼠的尸体浮上水面，它的脚仍然和青蛙绑在一起。一只老鹰发现了老鼠，便冲向水面，抓起老鼠。而青蛙也被跟着提出水面，成了老鹰的美食。不恰当的合作，就像这则寓言中的青蛙和老鼠，只会给双方带来损失。

　　如果双方都受到了同一种威胁，面临危境，则合作的可能性比较大。三国时的"孙刘联盟"就是最明显的例子。当时，曹操占据北方，进逼江东，向孙权下战书。孙权在势不可挡的曹军面前，处境非常孤危，加上东吴内部投降派势力甚嚣尘上，孙权进退维谷。这时他恰好遇到被曹操战败，处境同样孤危的刘备。孙、刘二人都具备刚柔相济的品格，且具有审时度势、善于权变的策略，虽然两雄不并立，都有争天下的雄心，此时却不得不精诚合作、共度危难，终于打赢了赤壁之战，使彼此得到了保全。

　　读《三国演义》，可知孙刘联盟的破灭，蜀将关羽难辞其咎。三国形成时期，刘备争夺西川进入白热化的阶段，由于庞统战死，刘备召诸葛亮入蜀辅佐，留下性情稳重的关羽守卫荆州。诸葛亮临走前，对关羽反复强调八个字：东联孙吴，北拒曹操。但是自负的关羽却没有听从军师的意见，不断和东吴发生龃龉。

吴主孙权想和关羽结亲，特意派诸葛亮的哥哥诸葛谨当媒人，以为关羽会给点面子，结果却被关羽一通臭骂。这件事彻底改变了孙权的立场。就在关羽"北拒曹操"，攻拔襄阳、水淹七军的时候，吴将吕蒙却在背后偷袭荆州，生擒了关羽。关羽当然不肯投降，惨遭斩首。这就是"大意失荆州"。

　　按常理来说，孙权提出与关羽结亲，是巩固孙刘联盟的一大契机，符合刘备集团的根本利益。即便关羽不同意，婉言谢绝即可，何必出言不逊，大伤和气。可以说，关羽这种"拒吴抗曹"的做法，完全打破了诸葛亮的"联吴抗曹"的计划，不但自己身首异处，也直接导致了蜀国的败落。关羽"乃万人之敌，为世之虎臣"，是一员武艺高强并有一定谋略功底的宿将，但是"刚而自矜"，不善与人合作，这是他最致命的弱点。襄樊战役使蜀汉彻底退出了荆州争夺，绝非"大意"二字可概括，关羽一生中最大的胜利与一生中最大的失败，前后只有一百多天，其威震华夏之时，在其自身因素和外因的作用下，过早结束了他波澜壮阔的英雄人生。

　　孔子说："道不同，不相为谋。"意即为志向不同，不能一起谋划共事。真正默契的合作者，应该建立在共同的思想基础和奋斗目标上，一起追求、一起进步。如果没有内在精神的默契，只有表面上的亲热，这样的朋友是无法真正相互沟通和理解的，也就失去了做朋友的意义了。管宁和华歆是三国时代的两个名士，他们年轻时曾是非常要好的朋友。有一次，两人一同在菜园里锄地，从土地里刨出一块金子，管宁照旧挥动锄头，继续劳动，跟锄掉瓦石一样。而华歆却把金子拿在手里，把玩了一会儿才扔出去。还有一次，两人同坐一张席子读书，见有人乘着华丽的车辆从门前经过，管宁照旧读书，而华歆却

145

搁下书本出去观望。于是管宁割开席子，分开座位，说："你不是我的朋友！"这就是"割席断交"的典故。

即便是利益一致的合作者，也难免出现意见分歧。分歧进而转化为矛盾，甚至是互相攻击，结果难免"两败俱伤"。如果静下心来想想，这又何必呢？有时候，不必非用强硬的手段要求别人与自己步调一致，换个态度，大家都彼此礼让三分，事情办得就会顺利许多。这一点，从新中国建国初期求同存异的外交政策中得到了明显体现。

1955年，周恩来率领中国代表团出席在印度尼西亚万隆举行的有29个国家和地区参加的亚非会议。针对与会各国对新中国缺乏了解和各国之间存在的分歧，周恩来在会上提出了"求同存异"的著名方针。他说，中国代表团是来求团结而不是来吵架的，是来求同而不来立异的。求同的基础，就是亚非绝大多数国家和人民自近代以来都曾经受过并且现在仍在受着殖民主义所造成的苦难和痛苦。

从解除殖民主义痛苦和灾难中找共同基础，我们就很容易互相了解和尊重，互相同情和支持，而不是互相疑虑和恐惧，互相排斥和对立。基于周恩来总理的"求同存异"方针，在中国代表团和与会各国代表团的共同努力下，会议终于对议程中的各项问题达成了一项协议，在和平共处五项原则的基础上，制定了著名的万隆会议十项原则，使大会取得了圆满的成功。从而也打击了当时一些搞破坏和捣乱的国家。

　　合作各方之间遇到矛盾，不要先找不同，先要寻求共同点，只有寻求到共同点，才能找到解决问题的办法。尊重多元化、异中求同，这才是社会进步和人类发展的正确办法。

147

第三节　循序渐进可入佳境

【原典】

故变生事，事生谋，谋生计，计生议，议生说，说生进，进生退，退生制，因以制于事。故万事一道，而百度一数也。

【评述】

所以，社会不断变化，必然要滋生事端；要解决事端，便需要有人出来谋划；只有经过谋划，才能产生计策；计策提出后，一定会引起争议；争议出现了，一定要有人出来说服；说服了决策者，计策才能得到实施；实施计策成功后，要适当退却；退却到有利位置，是为了掌握主动，以达到控制事态的目的。

无论所谋何事，都要遵循上述规则，使事态朝着有利于自己的方向一步步发展。古语云："骐骥一跃，不能十步；驽马十驾，功在不舍。"凡事都要循序渐进，持之以恒，不可急功近利，武断行事，否则就很容易忙中出错，导致功亏一篑。

一个挤牛奶的姑娘，头顶一桶牛奶，从田野走回农庄。她幻想着："这桶牛奶卖了，至少可以买回300个鸡蛋。就算有些意外损失，那也能孵出250只小鸡。等到鸡价最贵的时候，就可以把小鸡拿到市场上卖。这样到了年底，我就可以得到很多赏钱，足可以买一条漂亮的裙子。到了圣诞节的晚宴，我穿

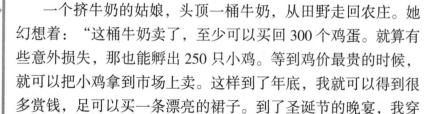

上那条漂亮的裙子，于是年轻的小伙子都会向我求婚，但我却摇摇头拒绝他们。"想到这里，她非常得意，竟然真的摇起头来。结果，牛奶被她摇到了地上，她的美梦也被打碎了。

在第一步还没有迈出去的时候，不要幻想最后的结果。否则美梦破灭，甚至连迈出第一步的机会都会永远丧失。

战国时期，燕国封乐毅为帅，同时纠集韩、赵、秦、魏等国军队进攻齐国，攻克齐国 70 余城，消灭了齐国的主力部队，占领了齐国都城，齐国只剩下莒城和即墨两个小城。乐毅深知"穷寇勿追"的道理，只是将即墨团团围住，使其不战自乱。这时，燕王中了齐将田单的反间计，用骑劫代替乐毅为帅。骑劫改变乐毅宽大的做法，他割去齐军俘虏的鼻子，把他们放在队伍前面，还挖去城外齐人的祖坟，以打击齐军的士气。孰料，这种残暴的做法反而激起了齐人的愤怒，使他们同仇敌忾，宁死不屈。田单见时机成熟，于是设下"火牛阵"，大败诸侯联军，杀死骑劫，并且乘胜收复了所有失地。

骑劫的失败，就在于他不明白穷寇勿追、循序渐进的道理，一味以残暴的手段激怒齐军，并想当然地以为这是打击敌人士气，结果一败涂地、前功尽弃！

为将帅者，急于求成是其大忌。三国时代，辽东太守公孙康依仗地势偏远，不肯归顺曹操。后来，袁尚和袁熙与曹操作对，带几千人马投奔了公孙康。曹操击败乌丸后，有人劝说曹操讨伐公孙康，擒拿袁尚、袁熙。曹操说："我正要公孙康把袁尚、袁熙的首级送过来，不用麻烦出兵。"不久，公孙康斩杀了袁尚、袁熙，把首级送过来了。众将问这是为什么，曹操说："公孙康一向防备袁尚等人，我威逼他，他们就合力回击；我不管他，他们就一定会自相残杀，这是理所当然的。"有时候，像曹操这样让自己冷静下来，静观局势的变化，反而能取得意想不到的效果。

在现代商业社会中，一个企业的发展壮大，是不可能一蹴而就的。企业领导人也应持有循序渐进的思想，不断积累经验，持之以恒，就一定能赢来企业的腾飞。

犹太富商蒙德学生时代就读于德海德堡大学，在学习研究中，他发现了一种从废碱中提炼硫磺的方法。后来他移居英国，想找一家公司合作开发。但当时很多公司都认为这一方法没有什么实用价值。蒙德费劲周折，才找到一家愿意投资的公司。有了资金以后，蒙德开办了自己的化工企业，随后他买下了一项有用的专利技术。但这项技术当时还很不成熟，没有人愿意去投资。蒙德就自己建立厂房，反复研究解决了技术上的难题，终于投入生产。起初，生产情况并不理想，企业连续几年亏损。但蒙德一直不气馁，终于在 6 年后取得了重大突破，不仅弥补了亏损还大赚了一笔。蒙德的企业后来成为了全世界最大的碱生产企业。

蒙德的成功，得益于他循序渐进的严谨方式，虽然他的成功之路走得比较艰辛，但只有这样的企业才能经历真正的风雨。一种新商品，如果它在市场上知名度并不高，消费者也很少，直接将它大批量投入市场，效果肯定不会好。这时就应该采取促销的手段，循序渐进地达到目的。

国际市场上曾有一种叫"万事发"的日本香烟，销售量在世界名列前茅。令人称奇的是，这种香烟是通过亏本经营逐渐打开销路的。为试销"万事发"香烟，这家卷烟厂首先在世界各国的大城市物色代理商，通过代理商向当地一些著名政客、作家、律师、艺人等按月寄赠香烟，并声明如果不够的话来函即寄。每隔一段时间，代理商还给他们寄去一份表格，征求对"万事发"香烟的意见。当然，厂家的"慷慨"是为了吊"瘾君子"的胃口。等到这些人抽"万事发"香烟上了瘾，代理商便不再寄赠。这些"瘾君子"只好自己掏腰包买"万事发"香烟。这样，"万事发"香烟很快在上流社会树立起形象，在各国的销路都很好，获得了巨额利润。

轻易得来的东西，总是很容易失去。在功利主义泛滥的现代社会，很多人都在梦想着一夜暴富，但这不过是泡沫而已。只有坚持循序渐进的人，才能获得真正的成功。

151

第十一章

决篇

——当机立断，一言拨开九重迷雾

　　这里的"决"，指的是决疑，决断，决策。"谋"能取得什么效果，都要由"决"来决定，因此将决篇置于谋篇之后。在本篇，鬼谷子提出"决情定疑，万事之机"，从谋士的角度出发，论述如何帮助统帅进行决断。"决"的形式，或是对疑点进行分析，或是对利弊进行权衡，或是对方案进行取舍，其目的都是为了廓清思路，以开展下一步的行动。"决"的前提，是认清事物的性质，杜绝偏见，以使决断无误。一个善于决断的人，在慎重的原则之下，应能做到当机立断，绝不拖延。

154

第一节　权衡利弊再做决断

【原典】

凡决物，必托于疑者，善其用福，恶其有患，善至于诱也，终无惑偏。

【评述】

凡决断事情，一定是有了疑难问题。决疑的目标是获得利益，免除祸患。高明的决疑者，善于诱出利益，从无疑惑与偏差。

当我们面前只有一条路的时候，可以毫不犹豫地走下去。然而，人生难免要走到三岔路口或十字路口，从而面临一系列新的选择，我们该何去何从？这个问题，是对我们每一个人的最大考验。

夏天天气炎热，池塘里干得一滴水也没有了。有两只住在池塘里的青蛙不得不离开那里，寻找新的住处。它们走啊走，终于来到一口井边。它们小心地趴在井口，探着

头，往井下看。井水清澈见底，清凉的气息一股股地涌上来。其中一只青蛙没有细想，就高兴地跳了下去，对他的伙伴说："喂，朋友，快下来吧，这口井水多好啊。我们就住这里吧。"另一只青蛙回答说："这井这么深，如果它里面的水也干了，我们怎么爬上来呢？"

在做出决定之前，必须权衡利弊，否则就会像第一只青蛙那样，只图一时的痛快，而换来终身的痛苦。

公元 1115 年，女真族首领阿骨打建立金国。辽国皇帝非常愤怒，立即亲率 70 万大军前往讨伐，阿骨打率领 2 万人前去迎战。当金军进至瓦剌时，阿骨打亲自带领骑兵去侦察，却发现敌军已经撤走。为防止中计，他又进一步调查，得知辽国发生内乱，辽主迫不得已撤回军队。阿骨打探知这些情况后，决定变守为攻，日夜兼程，不久就追上了辽军。阿骨打没有立即下令进攻，而是细心观察敌军阵式，看到中军队伍整齐，士兵威武，从而判断出辽主必在中军。于是他断然决定调整兵力，集中力量攻击辽军所在的中军，几十万大军顿时乱作一团，首尾不能相顾。就这样，阿骨打以 2 万人马大败 70 万辽军，真正达到了"敌虽众，可使无斗"的境界。

《三国演义》中，也有不少英明决断的例子。在刘备投靠荆州牧刘表后，刘表长子刘琦与刘备、诸葛亮相友善。当时刘琦被后母所忌，面临危险，多次请教诸葛亮。但诸葛亮为试探其心，一直不肯为他谋划。一天，刘琦约诸葛亮到一座楼上饮酒，刘琦暗中派人拆走了楼梯。刘琦说："今日上不至天，下不至地，出君之口，入琦之耳，可以赐教矣。"诸葛亮见状，就以春秋时期"申生在内而亡，重耳在外而安"的典故指点刘琦。刘琦马上领会了诸葛亮的意思，立即上表请求去江夏防守，避开了后母，从而免遭陷害。刘琦走后不久，曹操进取荆州。荆州是三国时的重要州郡，交通发达，粮产丰富，成为三家的必争之地。赤壁战败，曹操只好逃出荆州。赤壁胜利是孙、刘两家齐心协力的结果，刘备完全可以理直气壮地将荆州占为己有。但为了孙刘联盟，刘备采取诸葛亮的两全之策，用一个"借"字，既获得了一块根据地，又不破坏两家的联盟。刘备长期占领荆州，并以此为根据地，向西取得了西川与汉中，为在三分天下中争得一席之地开创了基础。这两次成功的决断，充分证明了诸葛亮的大智慧。

在现代的企业经营中，企业领导人也经常会遇到需要决断的事情。决断得好，就会获得良好的经济效益，赢得腾飞的良机；决断得不好，就有可能给企业带来损失，甚至带来生存的危机，所以不可不慎重。

20世纪60年代初，日本的日立公司为了扩大企业规模，发展生产，投入了大量资金，购买新建厂房建筑材料，新添置一些设备。这时，正赶上整个日本经济萧条时期，现有产品滞销，卖不出去，扩大企业规模的后果就可想而知了。面对这一严峻情况，日立公司有两条路可供选择：一条路是继续投资；另一条路是停止投资。日立公司经过认真讨论、分析、研究，最后果断决定走后一条路，停止投资，实行战略目标转移，把资金投放到其他方面，积蓄财力，待机发展。事实证明，日立公司的决策是正确的。从1962年开始，日本三大电器公司中的东芝和三菱的营业额都有明显下降，但是日立则一直到1964年仍在继续上升。进入20世纪60年代后半期，一个新的经营繁荣时期来到了，蓄势已久的日立不失时机地积极投资，取得了经营上的巨大成功。

成熟的企业在做决断之前，都会做一些深入的市场调查工作，以获得公众对产品的接受度的第一手信息。1982年，美国第三大汽车制造商克莱斯勒公司在艾科卡的领导下，从濒临破产倒闭的低谷走出，一举扭转了连续4年亏损的局面，开始盈利。但艾科卡仍要考虑如何让克莱斯勒重振雄风的问题。艾科卡把"赌注"押在敞篷汽车上。美国汽车制造业停止生产敞篷

158

小汽车已经 10 年了。虽然预计敞篷小汽车的重新出现，会激起老一辈驾车人对它的怀念，也会引起年轻一代驾车人的好奇，但为了保险起见，艾科卡决定做一番调查。

一天，艾科卡亲自驾驶着一辆色彩新颖、造型奇特的敞篷小汽车，在繁华的汽车主干道上行驶，立即吸引了一长串汽车紧随其后。甚至有几辆车把艾科卡的敞篷小汽车逼停在路旁，这正是艾科卡所希望的。追随者下车来围住艾科卡，提出了一连串的问题。"这是什么牌子的车？""这车是哪家公司制造的？""这种汽车售价多少？"艾科卡面带微笑地一一回答，心里满意极了，看来自己的预计是对的。为了进一步验证，艾科卡又把敞篷小汽车开往购物中心、超级市场和娱乐中心等地，每到一处，就吸引了一大群人的围观，道路旁的情景在那里又一次次重现。不久，克莱斯勒公司正式宣布将生产男爵型敞篷汽车应市，美国各地都有大量的爱好者预付定金！结果，这一年敞篷汽车的销售量是原来预计的 7 倍多。

艾科卡亲自驾车前去调查市场，了解市场对敞篷汽车的接受程度，确定无疑后，才正式推出产品，结果成绩显著，帮助克莱斯勒公司重新起飞。处事时多方权衡利弊，是"谋"；做出最终的决定，是"断"。谋与断相辅相成，缺一不可，都是人生的大功课。

159

第二节　用合理手段实现目标

【原典】

　　有利焉，去其利，则不受也，奇之所托。若有利于善者，隐托于恶，则不受矣，致疏远。故其有使失利，有使离害者，此事之失。

【评述】

　　若对方本来能获得利益，而你的决疑反使其失利，则他不会接受，除非他的委托另有隐情。如果你的决疑对他有利，但其形式却令其反感，则他不会接受，而且可能疏远你。所以你的决断使其失去利益，或遭到损失，都是决疑的失败。

　　在前面"捭阖篇"中，曾提及目标与手段的关系。在这里，鬼谷子除重申目标的重要性外，更着重强调手段的合理性。为达目的不择手段的做法，是会遭人鄙夷的。再好的目标，再纯洁的动机，离开了手段的合理性，也难免会变质。

　　有一则古代寓言，说随侯之珠是一种非常珍贵的宝珠。有一个喜欢打鸟的人，却把随珠当作弹丸，去射飞翔在千丈高空中的一只麻雀。人们看了，都嘲笑他。做什么事，都得讲究轻重得失。为了价值甚微的目标而付出昂贵代价，是一种愚蠢的行为。

周武王刚刚建立周朝时，有一个重大的问题摆在他的面前，就是如何对待商朝遗民。姜太公说："我听说喜欢一个人，就连他房上的乌鸦都喜欢；讨厌一个人，就连他家的篱笆也感到讨厌。我看，不如把他们全部杀掉。"武王连连摇头，说："不行！太残忍了，怎么能这样做呢？"太公走了，召公进来了。武王又和他商量这个问题。召公说："要是有罪的，就杀掉；无罪的，就放掉。"武王说："可是有罪的人很多，这样我们就会杀掉太多的人。"一会，周公来了。他知道了武王的难题后，对武王说："这个问题其实不难解决。让他们各自回到自己的住宅，各自耕种自己的土地，不论是旧的臣民还是新的臣民，我们都要平等地看待他们。只要他们讲究仁义，我们就和他们亲近。"武王听了很高兴，赞叹说："有这样宽阔的胸怀，天下从此就安定了！"

可见，姜太公、召公、周公虽然都是灭商兴周的大功臣，在见识方面还是有差距的。当然，姜太公、召公所提出的方案，目的也是为了国家安定，但这种手段确实令人难以接受。而周公提出的方案，既能达到维护安定的目标，采取的又是一种仁义的手段，因而受到武王的称赞。

春秋时代的齐相管仲，对齐桓公成就霸业起了决定性的作用，被尊称为"仲父"。一次，管仲为了扩大齐国的影响，建议齐桓公兴兵伐鲁，结果大获全胜，占领了鲁国的遂邑。鲁将曹沫趁鲁君和齐桓公签约时，抓住齐桓公，威胁他退还占领的土地。齐桓公没法，只得签约归还战争中夺取的土地。过后，齐桓公觉得受了侮辱，就要再次率兵攻鲁，杀了曹沫。管仲立刻劝阻说："不能这样，几座鲁城，只不过是一点小利；在诸侯中树立威望，才是大利。如果诸侯知道您连被胁迫订立的盟约都不肯背弃，那就一定会立大信于天下！"果然，经过这件事情之后，各诸侯都认为齐桓公是一个信守诺言的人，都愿意尊他为霸主。不久，齐桓公就当了霸主，成为"春秋五霸"之一。

还有一次，齐桓公跟夫人蔡姬在湖里划船游玩。蔡姬识水性，坐船像坐车一样行动自如。但齐桓公不懂水性，平时也很少坐船。蔡姬一时兴起，就与他开起了玩笑，使劲晃动小船。小船荡来荡去，齐桓公一时吓得脸都白了，大叫："别晃！"蔡姬毫不理睬，还哈哈大笑，齐桓公气坏了，上岸后，就打发蔡姬回娘家蔡国。齐桓公只是一时生气，并没有说要废了她。但蔡国却当真了，很快就把蔡姬改嫁出去了。齐桓公大怒，想立刻率兵去扫平蔡国。但是，一个堂堂的霸主，就因为夫人的一个玩笑闹翻了脸，然后去灭掉夫人的娘家，实在是很不光彩的事。于是管仲就出主意说："可以先进军楚国，质问他们为什么不按时向周天子纳贡。而蔡国一直亲近楚国，这样侵蔡也就名正言顺了。"于是齐国大军南下到楚边境，这次行动获得了很多诸侯国的支持。可见，管仲总是能在关键时刻作出正确决策，变被动为主动，力挽狂澜，这就是伟大人物的标志与价值。

在现代商品社会中，人们无不希望发家致富，过上幸福的生活，但是，致富行为必须在准则允许的范围内进行，这是个基本的要求。一个不择手段去致富的人，最终无疑会失去致富的机会。

在国内女富豪榜上，曾经有一个名声显赫的人物叫吴英，然而 2007 年 2 月，她的财富之路却走到了尽头。吴英出生在东阳市的一个农村，只有初中文化水平，却是敢想敢干，辍学后在东阳市开了一家美容院。目光敏锐的她看到了中国美容市场的巨大潜力，凭借羊胎素赚了第一桶金。可是，赚了钱的吴英嫌钱赚得太少、太慢，她开始以月息 3 分以上的高利率向社会公众借款，大量吸收公众存款，成立本色集团，名义上从事家电的贸易，但是却在背地里用这些钱进行走私生意。就这样，吴英的财富迅速扩大，刚刚 26 岁就已经身价 38 亿。但是，许多债权人多次讨要本息未果，终于使她非法集资的事情浮出水面。紧接着，随着调查的不断深入，吴英的财富之梦也走向了破灭。

　　任何人都可以凭借多种方法赚钱，或者凭借自己的体力，或者凭自己的技术，或者凭自己的资金，但是无论使什么赚钱手段，一个基本的前提就是合理合法。在今天的法制社会，这一点显得尤其重要，这也必须为每一个渴求成功的人所谨记。

163

第三节　要有战略眼光

【原典】

　　圣人所以能成其事者有五：有以阳德之者，有以阴贼之者，有以信诚之者，有以敝匿之者，有以平素之者。阳励于一言，阴励于二言，平素枢机以用，四者微而施之。

【评述】

　　圣人能够取得成功，有五种途径：有的依靠公开的仁德；有的依靠暗中的计谋；有的依靠诚实信义；有的依靠谦卑隐匿；有的依靠平素积累。为人决疑，要分清是阳谋还是阴谋。为阳谋决疑贵在说一不二，为阴谋决疑贵在留有余地。为人决疑，还要善于抓住平素和关键两种时刻。将阳谋、阴谋、平素、关键四者有机结合，而后可以细致地进行决疑。

　　大到一个国家，小到一个团体，都会有一些战略性的规划。在这里，鬼谷子列举的"阳德、阴贼、信诚、敝匿、平素"，其实就代表了五种战略。在制定决策的时候，必须要服从于整体战略。用战略的眼光去看待问题，才能做出正确的决断。

　　一个青年向一个富翁请教成功之道，富翁拿出三块大小不一的西瓜放在青年面前，说："如果每块西瓜代表一定程度的利益，你选哪块？""当然是最大的那块！"青年毫不犹豫地

回答。富翁笑道："那好，请吧！"他把最大的那块西瓜递给青年，自己却拿了最小的那块。很快，富翁吃完了，随后从容地拿起桌上最后一块西瓜，得意地在青年眼前晃了晃，然后大口大口吃起来。青年马上明白了他的意思，富翁吃的西瓜虽不比自己的大，却比自己吃得多。如果每块西瓜代表一定的利益，那么富翁占的利益自然比自己占有的更多。

青年所做的决定，表面看起来占了便宜，而实际上恰恰相反。他的错误在于着眼于蝇头小利，而没有用战略性的眼光来审视面前的机会。

大量的历史事实也向我们表明，在决策时能否坚持自己的既定战略，是关系事业成败的关键。战国末期，七雄争霸。秦国经商鞅变法后，势力发展最快。

秦昭襄王图谋吞并六国，独霸中原。公元前 270 年，秦昭襄王准备兴兵伐齐。此时，谋士范雎向昭襄王献"远交近攻"之策，阻秦国攻齐。他说："齐国势力强大，离秦国又很远，攻打齐国，部队要经过韩、魏两国。军队派少了，难以取胜；多派军队，打胜了也无法占有齐国土地。不如先攻打邻国韩、魏，逐步推进。"秦昭襄王采纳了范雎的意见，推行"远交近攻"之策，为秦国以后统一中原奠定了基础。

其后40余年，秦始皇定下灭六国的大计。远交齐、楚，先攻下韩、魏，然后又从两翼进兵，攻破赵、燕，统一北方；随即攻破楚国，平定南方；最后把齐国也收拾了。秦始皇征战10年，终于实现了统一中国的愿望。"远交近攻"之策起到了无可替代的作用。

汉高祖刘邦平定天下后，在建都的问题上一度犹豫不决。他的大臣多是洛阳周边的人，因此倾向于建都洛阳。齐人娄敬一次路过洛阳，请求觐见汉高祖，得到召见。娄敬问高祖："陛下建都洛阳，莫非要跟周朝比比谁更兴盛吗？"刘邦说："是的。"娄敬说："周朝建都洛阳，是靠德政感召人民，而放弃了险要的地形。周朝鼎盛时期，四方归附，万民臣服，然而衰败以后就不能控制天下，不是恩德太少，而是形势太弱。"刘邦听了微微点头，娄敬接着说："陛下自沛县起事以来，大战70次，小战40次，横尸遍野，与西周兴盛时的恩德不能同日而语。而秦地有高山被覆，黄河环绕，四面边塞可作坚固的防线，即使危机出现，尚有百万雄兵可备一战。借着秦国原来经营的底子，再加上肥沃的土地，可说是形势险要、物产丰饶的'天府'之地。如果陛下进入函谷关内建都，控制秦国原有的地区，就是掐住了天下的咽喉啊。"听了娄敬的话，汉高祖觉得很有道理。后来，张良也阐明了入关建都的利处，打消了高祖的最后一点

疑虑。建都关中后，高祖感慨道："最早主张建都在秦地的是娄敬啊。"于是赐娄敬改姓刘，给他加官进爵。

那些主张建都洛阳的大臣们，为了一己的私利，将国家的安危和兴衰放在一边。而娄敬从实际的情况出发，提出定都关中，不仅具有远见卓识，而且直言敢谏，这才是"建万世之安"的国之大计。

在现代商业生活中，大凡成功的企业家，在决策时也都会着眼于企业发展的战略目标，而不是斤斤计较于眼前利益。"犯傻"船王包玉刚，就为我们树立了这方面的榜样。

1955 年，包玉刚成立了环球航运公司，开始了经营船队的生涯。当时，世界航运界通行按照船只航行里程计算租金的单程包租办法，单程运费收入高，一条油轮跑一趟中东可赚 500 多万美元。包玉刚却不为所动，坚持他一开始就采取的租金低、合同期长的稳定经营方针，避免投机性业务。这在当时被认为是"愚蠢之举"。许多同行都劝包玉刚改跑单程，包玉刚却不以为然，因为他明白，靠高额运费收入的再投资，根本不可能迅速扩充船队。要迅速发展，必须依靠银行的低息长期贷款，而要取得这种贷款，必须使银行确信你的事业有前途，有长期可靠的利润。于是他把买到的第一条船以很低的租金长期租给一家信誉良好、财务可靠的租船户，然后凭这长期租船合同向银行申请长期低息贷款。正是靠这种稳定经营方针，包玉刚只用了 20 年时间，就发展成为拥有总吨位居世界之首的远洋船队，一举登上世界船王的宝座。究其成功，还真得归功于当初的远见卓识。

有"股神"之称的巴菲特也以顽固坚持自己的战略而著称，在他看来，最佳的致富定律就是：在投资方向上要善于"坚守"。他从不在意一家公司来年可赚多少，仅在意未来 5～10 年能赚多少。也就是说，巴菲特只投资未来受益确定性高的企业。巴菲特认为，如果你拥有一只股票，期待它下个星期就上

167

涨，是十分愚蠢的。他说："我绝不会丢掉我熟悉的投资策略，尽管这方法现在很难在股市上赚到大钱，但我不会去采用自己不了解的投资方法，这些方法未经实践验证过，反而有可能产生巨大亏损的风险。"他批评那些对手们："投资人总想着买进太多的股票，却不愿意耐心等待一家真正值得投资的好公司。每天抢进抢出不是聪明的方法，近乎怠情地按兵不动，正是我成功的原因。"

俗话说："站得高，看得远。"要想持续地获得成功，必须更上一层楼，以战略性的眼光来俯瞰社会与人生。

第十二章

符言篇

——顺天应人，御世必遵九大准则

　　符，本指我国古代朝廷调兵遣将所用的特殊凭证，具有很高的权威。这里的"符言"，可引申为执政者（或身居要位的人）治理国家必须奉行的准则。这些准则共有九条：一是位，即遵循安详、从容等原则；二是明，即对事物作充分的考察；三是听，即充分听取别人的意见；四是赏，即赏罚要讲求信用和公正；五是问，即要多方询问以免偏听偏信；六是因，即遵循天理和人情；七是周，即要周到细密；八是参，即要借助参照物以洞察幽微；九是名，即要做到名实相符。这些准则也可为现代管理者所遵循和借鉴。

第一节　正确对待权力

【原典】

安徐正静，其被节无不肉。善与而不静，虚心平意，以待倾损。右主位。

【评述】

能够身居君位之人能做到安详、从容、正派、冷静，就像骨节必须有肉附着于其上一样，愿意给予并与世无争，这样就可以心平气和地面对纷争。权力其实是一柄双刃剑。运用得好，可以造福于人；运用得不好，不但对人无益，还可能伤及自身。

寓言中说，老鼠和黄鼠狼的战争，总是以老鼠的失败告终。老鼠们在一起商量，认为它们的失败是因为没有将帅，于是它们举手表决，选出了几只老鼠做将帅。为了显示自己与众不同，这些将帅便在自己的头上绑一个犄角。战争又开始了，老鼠又输了。别的老鼠钻进老鼠洞，而那些将帅因为头上有犄角，卡在洞外，钻不进去，结果全部被黄鼠狼吃掉了。

那些把你拉入泥淖的东西，往往就是当初将你推向巅峰的东西。权力就是这样一种东西。正如故事中老鼠头上的犄角。权力对于人的诱惑永远不会消失，一个人权力在握时，对于金钱美色，即使不想要也难以拒绝。

172

　　统治者若贪得无厌、目光短浅，对民只是一味地侵夺和剥削，民众就会起而反抗，甚至爆发起义。隋文帝深深懂得这个道理，所以当他建立隋朝后，一面躬行俭朴，一面采取了许多有利于巩固政权的措施，与民休息，给民以惠。文帝的这些做法，使社会风气得到了净化，使民众的负担得到了减轻。新建的隋王朝迅速得到了民众的拥护，很快就稳定了下来。但是，隋炀帝杨广继承皇位后，荒淫奢华，急功近利，残酷猜忌，先后三征高丽、开凿运河、赋税繁苛，频频激起民怨，百姓怨声载道。隋炀帝为一己享受，以天下民众为己私有，横征暴敛，使民众起来反抗他的统治，最终砍了他的"头颅"，也导致了隋朝的灭亡。虽然权力能给人带来诸多好处，但它最让人神往之处，莫过于它给予人的那份被众人拥捧的感受。人是虚荣的动物，当条件适合时，这种劣根性往往就会暴露无遗。秦朝农民起义的领袖陈胜年轻时是个雇工，经常和伙伴一起给别人家锄地。他对朋友们说："苟富贵，毋相忘。"但陈胜得富贵后，就开始骄横起来，逐渐丢掉了谦逊的品格。后来一个曾经和陈胜一起给地主种田的同乡听说他做了王，特意从登封阳城老家来陈县找他，敲了半天门也没人搭理。直到陈胜外出，拦路呼喊其小名，才被召见，一起乘车回宫。因他是陈胜的故友，所以进进出出比较随便，有时也不免讲讲陈胜在家乡的一些旧事。不久有人对陈胜说："客愚无知，颛妄言，轻威。"陈胜便十分羞恼，竟然把"妄言"的伙伴杀了。当年所说的"苟富贵，毋相忘"的话早抛到了九霄云外。自此以后，"诸陈王故人皆自引去，由是无亲王者"。最后陈胜失败被杀。

可见，权力能满足人们的虚荣，让人感到幸福。但是，权力的保护伞绝不是虚荣，而是谦逊。古语云："江海之所以能成百谷之王者，以其善下。"一个居高位者比平常人更需要谦逊这种美德。穷汉在别人面前怎样摆弄自己的家具也不会有事，而一个百万富翁如果总是在广场上晾晒自己仓库里的珠宝，那就很危险。谦虚会防止你身上的光彩刺痛名利之徒的眼睛，也就等于使你躲过了许多黑暗中的攻击。

居上位者的谦虚若发自内心，一言一行不必作修饰，就自然而然地合乎谦退之道，这是一种很高的境界。如此，不用刻意争取，其谦虚的名声也会自然地由近而闻于远，就如"兰在林中，其香自远"一般。

明朝有个叫张英的人在京城做大官。有一年，在他的家乡安徽桐城，他的家人建造新房时，与邻居发生了争执。两家都说对方侵占了自家的地基，吵得不可开交。家人给张英写了封信，请他出面解决这件事。张英看完信后，大笔一挥，写了一封回信。家人拆开书信一看，只见信上写着四句诗："千里修书只为墙，让他三尺又何妨。万里长城今犹在，不见当年秦始皇。"意思很明白，张英让家人退让三尺。家人看了信以后，觉得很惭愧，于是将自家的院墙向里移了三尺。邻居本以为张家有贵人撑腰，一定会仗势欺人，没想到张家主动让步。邻居深受感动，于是也让出了三尺，三加三等于六，两家之间出现了一条六尺宽的小巷子。从此，"六尺巷"的故事在当地传为美谈。

174

反之，谦虚若是装出来的，而非发自内心的，必定不会坚持长久。有许多人的"美名远扬"不是从正道而来，最后一定会被人们所识破。如历史上著名的伪君子王莽，是个老奸巨猾的人。为了篡夺西汉政权，捞取政治资本，他干了不少笼络人心的事，其中之一是表现得特别谦恭下士。当他的丑恶面目未暴露之前，确实是"美名远扬"，人人传诵，俨然是一个十足的"正人君子"。当他的真实嘴脸暴露以后，人们才大吃一惊。唐代诗人白居易读了这一段历史，从伪君子王莽一度得到美名，联想到真正的君子周公被流言中伤，一度得到恶名，写诗感叹道："周公恐惧流言日，王莽谦恭未篡时。倘若当时身便死，一生真伪有谁知？"

任何社会，权力之争都是最为残酷的。正是因此，曾国藩在他的家训中，才反复告诫子孙要远离官场是非地。身居高位的人，或许更应该明白适可而止的道理吧！

第二节　集思广益威力大

【原典】

目贵明，耳贵聪，心贵智。以天下之目视者，则无不见；以天下之耳听者，则无不闻；以天下之心思虑者，则无不知。辐凑并进，则明不可塞。右主明。

【评述】

作为君主，眼睛要明亮，耳朵要灵敏，心灵要智慧。作为君主，若能借助全天下的眼睛去看，就没有什么看不见的；若能借助全天下的耳朵去听，就没有什么听不到的；若能借助全天下的心灵去思考，就没有什么不明白的。作为君主，若能集思广益，就能明察秋毫，无可闭塞。以上说的是使君主明智的原则。

"兼听则明，偏信则暗。"为统帅者，要了解

175

集思广益的价值，不能闭目塞听，做一个孤家寡人。力拔山兮气盖世的霸王项羽，有万夫不敌之勇，最终却命丧乌江，其致命错误就是因为刚愎自用。在鸿门宴的时候，亚父范增屡屡示意项羽下决心杀掉刘邦，可项羽却认为刘邦势孤力单，不足为虑，结果就为自己的刚愎自用付出了无可挽回的代价。

　　齐国大夫邹忌身材挺拔，容貌俊美。一天早晨，他穿戴整齐，照着镜子，突然问他的妻子："我跟城北徐公比，谁美？"他妻子说："您美呀，徐公怎么能比得上您啊！"城北的徐公，是齐国有名的美男子。邹忌不太相信，又问他的小妾："我跟徐公哪个美？"侍妾说："徐公哪能比得上您啊！"第二天来了一位客人，邹忌又问客人："我跟徐公谁美？"客人说："徐公不如您美。"过了一天，徐公来访。邹忌仔细看了看他，再照照镜子，觉得自己差得远了。晚上睡觉前，他才恍然大悟："妻子说我美，是偏爱我；小妾说我美，是害怕我；客人说我美，是有求于我！"

　　邹忌之妻说他美，因为偏爱他；邹忌之妾说他美，因为惧怕他；客人说他美，因为有求于他。所以邹忌被蒙蔽。邹忌因此规劝齐威王奖励进言者。没有人不愿意听到赞美之词，所以很容易被过多的赞美所蒙蔽，看不到隐藏的真相。故而一个富有智慧的领导者，要善于听取各方面的意见和建议。

　　战国时代，秦王嬴政即位以后，有些大臣向他建议说，现在有很多外来人才在秦国当官，他们会对秦国不利，请大王把这些人统统赶走。秦王接受了这个建议，下了一道逐客令：大小官员，凡不是秦国人的，都必须离开秦国。有个楚国来的李斯，给秦王上了一份奏章，说："泰山不拒绝小石头，所以才成了泰山；大海不拒绝小溪流，所以才成了大海。从前秦穆公重用百里奚、蹇叔，当了霸主；秦孝公重用商鞅，变法图强；惠文王重用张仪，拆散了六国联盟；昭襄王重用范雎，提高了朝廷的威望。这四位君主，都是依靠外来人才建立了功业。现在到大王手里，却把外来人才都赶走，这不是帮助敌国增加实力吗？"秦王觉得李斯说得很有道理，连忙派人把李斯从半路上追回来，恢复他的官职，并取消了逐客令。

李斯的这篇《谏逐客疏》，是一篇著名的政论散文，其中的名句"泰山不让土壤，故能成其大。江海不择细流，故能就其深"，至今发人深省。

唐朝初年，出现了著名的"贞观之治"。这不是偶然的，是唐太宗李世民在认真总结隋亡经验的基础上出现的。隋朝本是一个强盛的王朝，但短短数十年就灭亡了。唐太宗李世民认为是其统治者不懂得"水可载舟，亦可覆舟"的道理所致，于是勤躬自省，为避免"偏信则暗"，他多次鼓励大臣上书指出其不足之处，做到了"兼听则明"。他的直谏大臣魏徵曾数十次上疏直陈其过，劝太宗居安思危，察纳雅言，择善而从。后魏徵病死，太宗亲临吊唁，痛哭失声，叹息说："以铜为镜，可以正衣冠；以史为镜，可以知兴替；以人为镜，可以明得失。今魏徵已死，吾亡一镜矣。"

大到一个国家，小到一个企业，在做一件事情需要决断的时候，都必须充分发挥成员的能量，集思广益。中国的三峡工程就是一个很好的例子。三峡工程规模巨大，对于这样一个大型的工程，负责三峡工程的领导层并不是简单拍板，而是广泛地听取各方面的意见。

建国之初，三峡工程就被提上议事日程，但是很多人从技术和财力等方面提出意见，认为刚刚建国不久，国家还没有足够的财力修建这么巨大的工程，在技术上也存在着很多困难。于是，这项工程就暂时搁置下来。20世纪末的时候，三峡工程再次提上议事日程。虽然大部分代表都表示赞同，但是对"反对派"所提出的技术、安全等方方面面的问题，政府并不是简单地否定，而是组织专家逐一地去调查、核实、评估、论证，使设计和施工工作做得更深更细，确保了工程的顺利建设。最

177

终三峡工程得到了顺利实施，三峡总公司技术委员会主任潘家铮在谈到三峡工程时，曾说过一句意味深长的话："'反对派'对三峡工程也做出了很大的贡献。"

任何时候，众人的智慧总是大于单个人的智慧，这是个亘古不变的真理。

第三节 要欢迎不同的声音

||【原典】||

德之术曰："勿坚而拒之。"许之则防守，拒之则闭塞。高山仰之可极，深渊度之可测。神明之位德术正静，正静，其莫之极。右主德。

||【评述】||

179

君主的"德"之术是：不要轻率许诺，不要轻率拒绝。若轻率许诺，就可能妨害自己的操守；若轻率拒绝，就可能闭塞自己的言路。仰望高山尚可看到顶，测量深渊尚可测到底，君主德术的公正沉稳则令人莫测高深。以上说的是君主推崇德行的原则。

"勿妄而许之，勿妄而拒之"，这是鬼谷子所赞赏的德术，也是每一个肩负领导使命的人应该切记的。对于他人的意见，不管是否合乎自己的心意，都应该慎重对待。尤其对别人的批评，更要做到"有则改之，无则加勉。"

在《汉书·霍光传》里记载了一则"曲突徙薪"的故事：从前，有一户人家建了一栋房子，亲朋好友纷纷称赞房子造得好，主人十分高兴。这时，有一位朋友对主人说："您家厨房上的烟囱是直的，灶膛的火很容易落到房顶上，极有可能引起

火灾。您应该在灶膛与烟囱中间加一段弯曲的通道，这样就安全多了。"主人不以为然地笑了笑。朋友又说："您在灶门前堆了很多柴草，这样也很危险，还是搬远一点好。"主人心里很不高兴，没有听从朋友的建议。过了几天，新房果然发生了火灾，邻居们奋力把火扑灭了。主人摆了酒席，感谢帮忙救火的人。这时，有人提醒主人："您请了救火的人，怎么能忘了那位向您提忠告的朋友呢？"主人连连点头，亲自跑去把那位朋友请来了。

做事时要向有经验的人虚心请教，因为实践是检验真理的唯一标准。不听忠言，最终是自食恶果。

春秋中叶以后，周王室的实力越来越虚弱，但周王仍以天子自居，事事讲究排场。景王打算铸两口巨钟：无射和大休，以便享受更美妙的音乐。单穆公劝阻说："铸造巨钟，劳民伤财不说，就是这巨钟铸出来，用击柱一撞，耳朵都震聋了，哪还谈得上音乐之美呢？"景王又去征求主管音乐的伶官州鸠的意见，谁知州鸠也反对景王铸钟，他说："大王要铸巨钟，从音乐的角度来说，根本谈不上悦耳；从国家和百姓的利益来说，更是不应该的。"但景王根本不听劝谏。第二年，巨钟铸好了，有些谄媚的大臣对景王说：

"大王，这两口大钟的钟声浑厚和谐，好听极了！"景王听后心花怒放，命人将州鸠找来，对他说："你听，钟声不是很和谐吗？"州鸠说："这算不得和谐，如果天下的老百姓都为这事高兴，那才算得上和谐。这就是俗话所说的：'众志成城，众口铄金。'"但景王根本听不进这些劝告。结果，景王很快死于心疾，而周王朝也随即爆发了长达五年之久的内乱。

至高无上的权力是人民给予的，如果失去了人民的支持，再大的权力也会化为乌有。周景王自己不能明白这个道理，手下的大臣向他指出来，又不能听从，最终加速了自己和国家的灭亡。

"兵圣"孙武在初任吴国将领之际，看到吴王因想称霸而急于起兵，大夫伍子胥想报杀父之仇而急于战事，沉痛地说："战争若感情用事则无法取胜，战争的终极目的乃在求胜，故急于无胜之战，犹如负干草入火一般自取灭亡。目前战争准备未尽周全，敌情也无法掌握，若只因私欲而战，岂可得胜？昔人有言'逐鹿者，迷于山'，若现在兴兵，岂不犯下极愚蠢的错误吗？"吴王阖庐接受了孙武的意见，伍子胥也打消了急于伐楚的念头。后来，正是孙武率领吴军攻破楚国的国都。吴王采纳孙武的正确建议，使吴国避免了一次鲁莽的战争。

181

现在，一些世界知名企业为了更好更快地发展，也欢迎不同的声音出现。2004年，温家宝总理会见了前美国通用汽车公司总经理斯隆。在谈到公司决策的时候，斯隆说出了通用汽车公司的决策理念。那就是：听不到不同意见不决策。

很多人都希望在做事情的时候能够有一致的意见，这样就可以顺利地实施，为什么通用汽车公司背道而驰，必须听到了不同的意见才做出决策呢？事实上，这正是通用汽车公司长期立于不败之地的一个重要原因。任何人都不可能面面俱到，尤其是当今的时代，各种信息和技术充斥着世界，一个人不可能掌握所有的东西。那么在决策的时候就难免会出现考虑不周全甚至错误的地方，这个时候，学会从别人那里借用智慧、听取不同的意见就显得十分重要了。

　　善于倾听不同的意见，也就是善于从不同人那里借脑，对具有采纳价值的进行必要的吸收，而没有采纳价值的也不会影响最终的决策，何乐而不为呢？

第四节 建立完善的赏罚制度

【原典】

用赏贵信，用刑贵正。赏赐贵信，必验耳目之所见闻，其所不见闻者，莫不暗化矣。诚畅于天下神明，而况奸者干君？右主赏。

【评述】

凡奖赏，最重要的是守信；凡刑罚，最重要的是公正。赏赐贵守信，必须让臣民亲身见闻。对于那些没有亲见亲闻者，也有潜移默化的作用。君主的诚信若能畅达天下，连神明也会护佑，又何惧奸邪之徒干扰君主呢？以上是君主赏罚的艺术。

"信"与"正"是赏与罚的关键所在。有功不赏，则无人思进取；有过不罚，则恶人将肆虐。赏、罚都要取信于民，使社会形成良好的风气。

战国时期秦国的商鞅变法，就是从立木树信开始的。当法令已详细制订但尚未公布之时，商鞅怕百姓不信任自己，于是就在国都的集市南门立下一根长三丈的木杆，下令说有人能把它搬到北门去就赏给10金。百姓们感到此事很古怪，没人动手去搬。商鞅将赏金增加到50金。于是有一个人半信半疑地将木杆扛到了北门，立刻获得了50金的重赏。人们这才开始相信商鞅。这时，商鞅下令颁布变法法令。变法令颁布了一年，秦国百姓前往都控诉新法使民不便的数以千计。这时太子也触犯了法律，商鞅说："新法不能顺利施行，就在于上层人士带头违犯。太子是国君的继承人，不能施以刑罚，便将他的老师公子虔处刑，将另一个老师公孙贾脸上刺字，以示惩戒。"第二天，秦国人听说此事，都遵从了法令。

新法施行十年，秦国出现路不拾遗、山无盗贼的太平景象，百姓勇于为国作战，不敢再行私斗，乡野城镇都得到了治理。商鞅的变法使秦国成为战国七雄中最为强盛的国家，为后来秦王嬴政的"扫六合，四海一"奠定了坚实的基础。

历来名将都重视赏罚。《孙子兵法》中提出了"令之以文，齐之以武"的治军原则。这个原则历来为兵家所推崇。其核心思想是以政治道义教育士兵，用军纪军法来统一步调，使士兵服从将帅的指挥，这样的军队才能够打胜仗。孙子主张奖与罚、宽与严并用，恩威兼施。即在官兵关系中，"官"对"兵"要有感情投入和切身关怀，另一方面，官兵关系必须受规章制度的约束，其中的意义非常明显。恩威并举、宽严相济，这正是孙子统军的基本思想。

唐德宗在位的时候，一些地方上的节度使发动叛乱，攻占了都城长安，唐德宗被迫出逃。将领李晟临危受命，与叛军展开了周旋。在战争的初期阶段，李晟的处境非常困难，他既缺少粮食物资，又得不到其他军队的支援。但是，李晟特别注意安抚军心，只要他手下人立了功，即使是微不足道的功劳，他也会详细地记录下来，公开褒奖。另一方面，他注重以严格的纪律来治理军队，对于违反纪律的将士，无论职位多高，功劳多大，他都按照军纪进行惩处，绝不徇私。李晟的兵力虽少，但在他的领导下，将士们全都同仇敌忾，士气高涨，成为一支战斗力特别强的队伍，在与叛军的战争中屡战屡胜。

说起"赏"的艺术，其实并不是赏功那么简单。有时候，为了鼓舞士气，即便无功也要赏。

战国时期，燕昭王任乐毅为大将，联合秦、韩、魏、赵军队，合五国之力，一起进攻齐国。齐湣王闻讯，急忙调兵遣将，令触子为先锋官在济水迎战。触子采取了避其锋芒的做法，坚守壁垒不战，乐毅也没有好的对策。此时，糊涂的齐湣王却帮了联军的大忙。他见触子只守不攻，觉得有损齐国的威风，命他立即出兵。触子只得被迫迎敌，结果被打得大败，触子也不知所终。幸亏齐将达子引领残军且战且退，一直退到齐都临淄以西的一个叫秦周的地方才停下来，准备死守临淄城。达子想犒赏士卒以振奋士气，于是就去求齐湣王，希望他能发放城内国库的金币犒赏三军。

齐湣王拍案大骂道："达子你打了败仗，还妄想要我的赏赐！你马上给我死战，否则提头来见！"达子一听这话，仰天长叹，心想：昏君不知审时度势，必然没有好下场，齐国没希望了。无奈之下，他只能率残部冲进敌阵，奋力拼杀，结果战死沙场。达子一死，五国联军长驱直入，杀进临淄，抢走了齐国宗庙里的重器，还将齐国的金银珠宝洗劫一空。齐湣王昏庸无道，结果贪小失大，将整个国家都拱手送给了别人。

说起"罚"的艺术，则应强调有过必罚。有些人总想用道德说服的方式来解决一些问题。但是有些事情，比如犯罪，只靠说服是解决不了的，此时，有必要给予一定的惩罚，惩教结合，双管齐下，这样才能取得预期的效果！因此，执法者审讯治狱，不要一味用柔，否则就很容易优柔寡断。法律是无情的，不管面对的是谁，只要是罪过到了一定地步，那就没必要讲什么情面。在执法严明方面，东汉时期的"强项令"董宣为我们树立了榜样。

汉光武帝的时候，洛阳令董宣办事果断而公允。有一次，公主家的家奴仗势杀人，躲在公主府不出来。董宣派人在公主府门口守着，等凶手跟着公主出来以后，就把他当场处死了。

公主去找光武帝，哭着说董宣欺负她，光武帝把董宣叫去，要他给公主磕头赔罪，可董宣怎么也不肯。内侍把他的脑袋往地下摁，可是董宣用两手使劲撑住地，挺着脖子，不肯低下头去。内侍知道光武帝不想治董宣的罪，又想给光武帝台阶下，就大声说道："回陛下的话，董宣的脖子太硬，摁不下去。"光武帝一听这话就笑了，他不但没治董宣的罪，还夸奖了他。

作为执法人员，对罪犯一味地用柔是不行的，必须能压住他们的气焰，气势要凌于强硬的罪犯之上。现实中，最难处理的是那些居功自傲的人。他们认为自己劳苦功高，于是恣意横行，鱼肉百姓。这些人不受到惩治，社会风气会被他们败坏。所以，严明之君的原则都是：功是功，过是过。今天犯的罪，不能被往日的功劳抵消。执法森严，宽猛相济，才能制服罪犯，进而达到改造、挽救他的目的。同时，也才能维护法律的肃穆与庄严。

186